子ども・保護者にしっかり伝わる

通知表所見 文例と書き方

梶田叡一 [監修]

古川治・陸奥田維彦 [編著]

小学校
低学年

学陽書房

はじめに

　通知表は、学校と家庭を結ぶ大事なメッセージ・メディアです。教師が保護者に、子どもの学校でのがんばりの様子を伝え、そこから新たな対話と相互協力を始める、という大事なコミュニケーション・ツールです。念には念を入れて記入していきたいと思います。

　教師も保護者も、それぞれ固有の願いを持っています。教師は自分の願いに照らして一人一人の子どものがんばりの経過を確認し、そこでの成長を評価し、そして次のステップに向けての課題は何かを示していきます。それを保護者は自分自身の願いのもとで受け止め、場合によっては教師と話し合い、子どもにどう対していけばいいか、気持ちを整理することになります。当然のことながら、子ども本人は、その過程で、教師からと保護者からの指導助言をいろいろと受けることになります。

　こうした過程を通るわけですから、教師からのメッセージは一方的なものになってはいけません。また教師からのコミュニケーションには、子どもを見ていく場合の基本視点や暗黙の基準なども含まれていなくてはなりません。通知表に記入する所見など文章表現の部分には、特にそうした配慮が、簡単な言葉のように見えながらも如実に含まれていなくてはならないでしょう。

　本書は、「通知表が教育の一環としてもつ大事な機能を十分に果たしていけるように、教師の方々の参考になるところをできるだけ多く盛り込みたい」という願いのもとに制作されました。お気づきの点などありましたら、私どもにお知らせいただければ幸いです。

　最後になりましたが、時代の進展とともに、我々の目の前に居る子どもが未来の社会で心豊かにたくましくやっていけるよう教育していくための課題が、困難の度合いを増しているように思われてなりません。教師にとっても、保護者にとっても、教育上直面する課題が複雑多岐にわ

たり、ときには大変な苦労を覚悟しなくてはならないものになってきていることを痛感します。だからこそ一人一人の教師が孤立することなく、教育界の多くの仲間たちと手を取り合い、助け合いながら直面する課題に向き合っていかなくてはならないのではないでしょうか。こうした中で、教育界の先達が準備してくれた本書をはじめとする多様な実践参考書の担う意義は、ますます大きくなってきているのではないかと考えています。

　本書を一人でも多くの教師の方々に有効活用していただくことを心から願っています。

　本書を刊行するにあたり、学陽書房編集部の村上広大さん、小原加誉さんをはじめとする方々には多大なお世話になりました。ここに記して深い謝意を表したいと思います。

2019（令和元）年 11 月

梶田叡一

CONTENTS

第1章 通知表の機能と所見文のポイント

1. 新しい学習評価 ——— 12
2. 通知表の機能と所見文 ——— 17
3. 所見文のポイント ——— 20
4. 所見文で避けたい表現 ——— 27
5. 小学1年生の特徴と所見文 ——— 35
6. 小学2年生の特徴と所見文 ——— 37

第2章 学びの姿（学力面）の所見文例

1. 知識・技能

   ❶ 各教科で身に付けるべき知識を習得していた子 ——— 40

   ❷ 各教科で身に付けるべき技能を習得していた子 ——— 42

❸ 授業のポイントをつかみ、内容を正確に理解していた子 ————— 44

❹ わからないことがあれば質問し、理解を確実なものにしていた子 —— 46

❺ 目的をもって、反復練習に取り組んでいた子 ————————— 48

❻ 自分なりに工夫してわかりやすいノートを作っていた子 ——— 50

❼ 自分の考えを絵・図・表・グラフ等に整理することができていた子 — 52

❽ 目的に応じてICT機器等を上手に活用し、
調べることができていた子 ————————————————— 54

❾ 既習事項や既有の知識・技能を関連付けて理解していた子 ——— 56

❿ 習得した知識・技能を他の学習や生活場面でも活用できていた子 — 58

② 思考・判断・表現

❶ 根拠ある予想や仮説を発想し、問題解決していた子 ————— 60

❷ 見通しをもって、筋道を立てて考えていた（説明していた）子 ——— 62

❸ 身に付けた知識や技能を活用して考え判断し、
課題を解決していた子 ————————————————— 64

❹ 理由や根拠を明らかにして、相手を意識しながら
自分の考えを発言できていた子 ————————————— 66

❺ 図・表・グラフ・資料等を使って、適切に判断したり
わかりやすく発表したりできていた子 ————————— 68

❻ 対話を通して、自分の思いや考えを広げたり深めたりしていた子 —— 70

❼ 自分の考えとの共通点や相違点に気づくことができていた子 ——— 72

❽ 学び合いを通して、多様な意見をつなげて考えられる子 ——— 74

❾ 物事を多面的に捉えることができていた子 ————————— 76

❿ 学習したことを自分の生活と関連付けて考えていた子 ——————— 78

⓫ 多様な情報を比べて分析し、
きまりや法則性等を考えることができていた子 ————————— 80

⓬ 学習課題に応じたまとめを考え、自分の言葉で表現していた子 —— 82

5

③ 主体的に学習に取り組む態度

❶ 自分で学習課題（めあて）を設定できていた子 ———— 84

❷ 見通しをもって進め、学習方略を見直そうとしていた子 ———— 86

❸ 学習課題（めあて）に向かって解決しようとしていた子 ———— 88

❹ 自分事として学習に主体的に取り組んでいた子 ———— 90

❺ 試行錯誤しながら学習方法を自己調整して取り組んでいた子 ———— 92

❻ 最後まであきらめずに取り組み、十分に学習成果を上げていた子 —— 94

❼ 苦手なことにも目標をもって挑戦していた子 ———— 96

❽ 友だちがわかるまで粘り強く考えを説明していた子 ———— 98

❾ 対話を通して、自分の考えを広げたり深めたりしていた子 ———— 100

❿ 学び合いのよさを実感し、
主体的に他者と関わりながら課題を解決しようとしていた子 ———— 102

⓫ 学んだことを学習や生活に生かそうとしていた子 ———— 104

⓬ 単元・題材を通して、どんな力を身に付けるのか
見通しをもてていた子 ———— 106

⓭ この時間でどんな力を身に付けたのか
振り返ることができていた子 ———— 108

⓮ 学習方法を振り返り、よりよい学習方法のあり方を
考えることができていた子 ———— 110

「特別の教科 道徳」の所見文例

1 「特別の教科 道徳」の評価の考え方 ── 114

2 一面的な見方から多面的・多角的な見方へ発展している

❶ 道徳的価値に関わる問題に対する判断の根拠や心情を
様々な視点から捉え、考えようとしていること ── 116

❷ 自分と違う立場や感じ方、考え方を理解しようとしていること ── 118

❸ 複数の道徳的価値の対立が生じる場面において取り得る行動を
多面的・多角的に考えようとしていること ── 120

3 道徳的価値の理解を自分自身との関わりの中で深めている

❶ 登場人物に自分を置き換えて考え、理解しようとしていること ── 122

❷ 自分自身を振り返り、自らの行動や考えを見直していること ── 124

❸ 道徳的な問題に対して自己の取り得る行動を他者と議論する中で、
道徳的価値の理解をさらに深めていること ── 126

❹ 道徳的価値を実現することの難しさを
自分のこととして考えようとしていること ── 128

第4章 育ちの姿(生活面)の所見文例

1 基本的な生活習慣

❶ 心の込もったあいさつや丁寧な言葉づかいができる子 ── 132
❷ 時間やきまりを守って落ち着いた生活を送っている子 ── 133
❸ 整理・整頓がしっかりとできる子 ── 134
❹ 持ち物を大切にする子 ── 135

2 健康・体力の向上

❶ 積極的に運動に取り組む子 ── 136
❷ 運動する習慣を身に付けている子 ── 137
❸ 自分の健康について気をつけることができる子 ── 138
❹ けがに気をつけて元気に活動できる子 ── 139

3 自主・自律

❶ よいと思うことは進んで行うことができる子 ── 140
❷ 状況に応じた判断ができる子 ── 141
❸ 目標に向かって計画的に最後まで努力する子 ── 142
❹ クラス行事に積極的に取り組む子 ── 143

④ 責任感

❶ 係や当番の仕事を最後までやりとげる子 ———————— 144

❷ リーダーシップがあり、友だちから頼りにされている子 ———— 145

❸ 提出物などの提出期限を守る子 ————————————— 146

❹ 教師が見ていなくても、自分の役割を着実に果たす子 ———— 147

⑤ 創意工夫

❶ 発想が豊かで柔軟な子 ————————————————— 148

❷ クラスや係活動等をよりよくする改善や提案ができる子 ——— 149

❸ 学習したことを生活に生かそうとする子 ——————————— 150

❹ 自分に合った方法を見つけ出すことができる子 ———————— 151

⑥ 思いやり・協力

❶ 男女の区別なく、友だちと協力し合って活動する子 ———— 152

❷ みんなのことを考えながら進んで活動している子 —————— 153

❸ 相手の立場に立って考えることができる子 ————————— 154

❹ 困っていたり一人で過ごしていたりする友だちに
やさしく声をかけられる子 —————————————————— 155

⑦ 生命尊重・自然愛護

❶ 自然・動植物に対する関心が高く、自ら関わろうとする子 ——— 156

❷ 動植物の命を大切にし、進んで世話ができる子 ——————— 157

❸ 自分の誕生に感謝し、生きる喜びと命を大切にしている子 —— 158

❹ 年下の子どもやお年寄りにやさしく接することができる子 —— 159

8 勤労・奉仕

❶ 働くことの大切さを知り、一生懸命取り組んでいる子 ——— 160

❷ 人の嫌がるような仕事でも進んで行っている子 ——— 161

❸ 黙って人のために行動できる子 ——— 162

❹ 自分の仕事だけでなく、進んで友だちの仕事を手伝っている子 — 163

9 公正・公平

❶ 一方の意見にとらわれず、落ち着いて判断ができる子 ——— 164

❷ 仲間はずれやいじめを許さない子 ——— 165

❸ 自分に悪いところがあれば素直に認め、改めようとする子 ——— 166

❹ 自分の考えと違っても決まった意見に従うことができる子 ——— 167

10 公共心・公徳心

❶ 人に迷惑をかけないように約束やきまりを守って生活できる子 ——— 168

❷ 友だちにもきまりを守るように呼びかける子 ——— 169

❸ 校外学習や遠足などで公共のマナーをわきまえて行動している子 — 170

❹ 国や郷土の文化を大切にし、愛する心をもつ子 ——— 171

＊本書記載の所見文は、下記を示します。

　○……優れていた姿　△……努力してほしい姿

・第1章・

通知表の機能と
所見文のポイント

1 新しい学習評価

1 学習評価の基本的な考え方

　2019（平成31）年3月、文部科学省から新しい学習評価と指導要録に関する通知が出されました。これは、2017（平成29）年3月に文部科学省から告示された新学習指導要領に基づくものです。ここで、新しい学習評価についておさらいしておきましょう。

　学習評価は、学校における教育活動に関し、児童生徒の学習状況を評価するものです。

　「学習指導」と「学習評価」は学校の教育活動の根幹であり、教育課程に基づいて組織的かつ計画的に教育活動の質の向上を図る「カリキュラム・マネジメント」の中核的な役割を担っています。

　また、指導と評価の一体化を図るためには、児童生徒一人一人の学習の成立を促すための評価という視点を一層重視することによって、教師が自らの指導のねらいに応じて授業の中での児童生徒の学びを振り返り、学習や指導の改善に生かしていくというサイクルが大切です。

　つまり、新学習指導要領で重視している「主体的・対話的で深い学び」の視点からの授業改善を通して各教科等における資質・能力を確実に育成する上で、学習評価は重要な役割を担っています。

2 観点に整理された観点別評価

　新学習指導要領では、各教科等の目標や内容を「知識及び技能」「思考力、判断力、表現力等」「学びに向かう力、人間性等」の資質・能力の三つの柱で再整理しました。

これに対応して、学習状況を分析的に捉える観点別学習状況の評価の観点については、「知識・技能」「思考・判断・表現」「主体的に学習に取り組む態度」の三つの観点に整理されています。

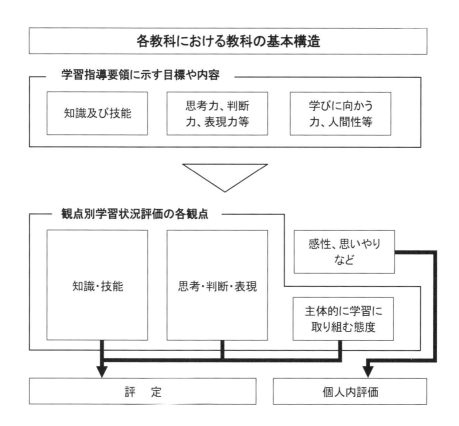

　留意すべきなのは、新学習指導要領における資質・能力の柱である「学びに向かう力、人間性等」については、観点別評価になじまない、感性や思いやりなど幅広いものが含まれることから、評価の観点としては、学校教育法に示された「主体的に学習に取り組む態度」として設定している点です。

　この「主体的に学習に取り組む態度」と「学びに向かう力、人間性等」の関係については、「学びに向かう力、人間性等」には、①「主体的に学

習に取り組む態度」として観点別学習状況の評価を通じて見取ることができる部分と、②観点別評価や評定にはなじまず、こうした評価では示しきれないことから個人内評価を通じて見取る部分があるとしています。

3 観点別評価の具体的な方法

❶ 観点別評価と評定の取扱い

　観点別評価の段階及び表示方法については、これまでと同様に３段階（ABC）とすることが適当と据え置かれました。

　その上で、各教科における評価の基本構造は、①「学習状況を分析的に捉える観点別学習状況の評価」と、②「これらを総括的に捉える評定」の両方で捉え、観点別学習状況の評価や評定には示しきれない児童生徒一人一人のよい点や可能性、進歩の状況については、個人内評価として実施するものとされています。

❷ 「知識・技能」の評価

　各教科等における学習の過程を通した知識及び技能の習得状況について評価を行うとともに、それらを既有の知識及び技能と関連付けたり活用したりする中で、他の学習や生活の場面でも活用できる程度に概念等を理解したり、技能を習得したりしているかについて評価します。

　具体的な評価方法としては、ペーパーテストにおいて、事実的な知識の習得を問う問題と、知識の概念的な理解を問う問題とのバランスに配慮するなどの工夫改善を図るとともに、例えば、児童生徒が文章による説明をしたり、各教科等の内容の特質に応じて、観察・実験をしたり、式やグラフで表現したりするなど実際に知識や技能を用いる場面を設けるなど、多様な方法を適切に取り入れていくことが考えられます。

❸ 「思考・判断・表現」の評価

　各教科等の知識及び技能を活用して課題を解決する等のために必要な

思考力、判断力、表現力等を身に付けているかどうかを評価します。

　具体的な評価方法としては、ペーパーテストのみならず、論述やレポートの作成、発表、グループでの話し合い、作品の制作や表現等の多様な活動を取り入れたり、それらを集めたポートフォリオを活用したりするなど評価方法を工夫することが考えられます。

❹「主体的に学習に取り組む態度」の評価

　挙手の回数や積極的な発言、毎時間ノートをとっているなど、単に継続的な行動や性格、行動面の傾向を評価するということではなく、各教科等の「主体的に学習に取り組む態度」に係る評価の観点の趣旨に照らして、粘り強く知識及び技能を獲得したり、思考力、判断力、表現力等を身に付けたりするために、自らの学習状況を把握し、学習の進め方について試行錯誤するなど自らの学習を調整しながら、学ぼうとしているかどうかという意思的な側面を評価します。

　つまり、自己の感情や行動を統制する能力、自らの思考の過程等を客観的に捉える力（いわゆるメタ認知）など、学習に関する自己調整にかかわるスキルなどが重視されていることにも留意する必要があり、単に粘り強く取り組んでいるという態度の評価だけではありません。

　具体的な評価の方法としては、ノートやレポート等における記述、授業中の発言、教師による行動観察や、児童生徒による自己評価や相互評価等の状況を教師が評価を行う際に考慮する材料の一つとして用いることなどが考えられます。

　その際、各教科等の特質に応じて、児童生徒の発達の段階や一人一人の個性を十分に考慮しながら、「知識・技能」や「思考・判断・表現」の観点の状況をふまえた上で、評価を行う必要があります。

4　指導要録の改善

　教師の勤務負担軽減の観点から、指導要録における「指導に関する記録」欄の「総合所見及び指導上参考となる諸事項」については、要点を簡

条書きにするなど端的に記述することとされました。

　また、域内の学校が定めるいわゆる通知表の記載事項が、当該学校の設置者（教育委員会）が様式を定める指導要録の「指導に関する記録」に記載する事項をすべて満たす場合には、設置者の判断により、「指導要録の様式を通知表の様式と共通のものとすること」が可能であるとされました。

参考）

・文部科学省「小学校、中学校、高等学校及び特別支援学校等における児童生徒の学習評価及び指導要録の改善等について（通知）」（30文科初第1845号、平成31年3月29日）

・文部科学省　国立教育政策研究所教育課程研究センター「学習評価の在り方ハンドブック」

・中央教育審議会初等中等教育分科会教育課程部会「児童生徒の学習評価の在り方について（報告）」（平成31年1月21日）

通知表の機能と所見文

1 通知表の機能と役割

　通知表における評価は、学期のまとめの評価であり、子どもの「学び」と「育ち」の結果を総括化する「総括的評価」です。

　したがって、通知表の機能は、その総括的評価の一翼を担うものとして、子どもたち一人一人の学期、あるいは学年における教育課程の確認といえます。

　また、子どもと保護者に対し、学校としての評価結果を知らせることによって、その努力と成果を共有するとともに、今後より一層の努力を促すきっかけとしてもらうことで、家庭と学校の教育的関連性を密接にしていくものです。

　通知表は、総括的評価を通知する機能とともに、その通知による学校（教師）と子ども・家庭（保護者）間の双方向のコミュニケーション機能が重視されるようになってきています。

2 コミュニケーション機能として

　教師からのコメントや文章が充実している通知表は、子ども及び保護者とのコミュニケーションが充実した通知表です。明確な評価規準に基づいて、子どもの学習成果をきちんと評価していかなくてはなりません。

　また、学習成果の評価だけではなく、それと同時に、性格・行動の様子や記録、あるいは特別活動や学校生活に関する評価も求められます。

　それぞれの学校における教育目標や学校経営の重点をふまえて、学校生活においての一人一人のがんばりの様子をきめ細かく見ていき、常日

頃からメモをとるなどして、通知表での評価や所見文に反映させていくことが大切です。

3 保護者の価値観の多様化

　現代の若い保護者の家庭環境は多様で、それに伴い、「子育て観」も多様化しています。

　ある調査によれば、保護者が子どもに期待する価値観の優先順位は、かつての祖父母の時代の価値観と、現在の価値観とでは次のように変化しています。

〈祖父母時代〉
①「人に迷惑をかけない」
②「あいさつや行儀作法ができる」
③「保護者や先生など目上の人を尊敬する」
④「家の手伝いをする」
⑤「自分のことは自分でできる」

〈現在〉
①「親子のコミュニケーションがとれる」
②「親子のふれあい」
③「思いやり・やさしさ」
④「自分の気持ちを言える」
⑤「友だちと遊べる」

　このような優先順位の転換は、昨今の教育問題に大きく反映しています。学校でもこうした変化を理解して、一人一人の子どもの指導にあたることが大切です。

4 保護者の理解と協力を得るために

担任の教師は、あらかじめ学級懇談会・家庭訪問・個人懇談会などを通して、日頃から保護者との関係づくりに努める必要があります。

その過程をふまえた上で、保護者が「我が子をよく見てくれている」と思うような、子どもに対する「認め」と「指針」と「励まし」のある心の込もった説得力のある所見文に仕上げましょう。

また、いずれの保護者も「我が子にはすくすく伸びてほしい、幸せになってほしい」という思いから、つい「過保護」「過干渉」となってしまいがちです。こうした点を考慮した上で、子どものよい点を認め励まし、学校と家庭が手を携えて協力していくことは、子どもたちの成長にとって大切です。そして、その両者を結ぶパイプ役が通知表といえます。

5 質問・クレームに備えるために

通常、通知表の成績及び所見文は、転記ミス、誤字脱字以外に訂正することはありません。

しかし、最近は「うちの子は国語のテストで80点とっているのに、どうして『漢字の練習をしっかりしましょう』と書かれるのですか」「去年の先生からは問題のない子だと評価されていましたのに」などの質問・クレームが出されることがしばしばあります。

近年では、保護者からの成績訂正要求が増加したため、事前の懇談会の席上で、通知表の成績を見せて、保護者からのクレームが出ないように対応する学校が各地で見られるようになりました。

したがって、教師側も質問・クレームがあるものだとして、あらかじめ「授業態度」や「身辺の整理・整頓」等の観察記録、「ノート」「作文」や「宿題」「提出物」「子ども自身の自己評価カード」の記録などをとっておく必要があります。保護者には、それらを用いて日頃の補助簿や座席表メモの記録を根拠に説明し、納得してもらえるような準備を怠らないようにすることも大切な心構えです。

第1章 通知表の機能と所見文のポイント 19

3 所見文のポイント

1 子どもの成長とがんばりを認め報告する

　通知表は、各学期に一度、子どもや保護者に向けた「成長・がんばりの記録」です。所見文は、その記録についての共通理解を深め、今後の子どもへの支援・援助、指導へとつなげていくものにしなければなりません。そのためにも、できるようになった点を先（前）に書き、できない点や短所等は後に書くようにすることが望ましいといえます。

　子どものできない点や短所は印象深く残るものです。しかし、そうであっても「できるようになった点」に目を向けて、それを先にほめることで、やる気を引き出すことが大切です。

　どの子どもにも、よい点・すぐれた点は必ずあります。まずは、子どもを認めていくことにより、「自分もやればできる」という自尊感情を育てることができます。

　ただし、自尊心の高い子どもには「ほめ言葉」は達成感をもつことができた場面に絞り込み、少し高めの目標を次のハードルとして示したいところです。

　また、ほめる点の少ない子どもには、「先生もうれしいです」と教師の率直な気持ちを込めた表現で文にするとよいでしょう。

　子どもはほめられるとうれしいものです。しかし、過大に「あなたには無限の可能性がある」式のほめ言葉は、おべんちゃらに映りかねません。「よく努力したね」「いつもよくがんばりましたね」など、ほめることによってその子が少し胸を張り、自信（効力感・有能感）をもつようになれば、さらにやる気を引き出すことができるでしょう。

2 子どもの長所を見つけるポイント

しかし、子どもの短所はすぐに言えても、よいところを言うのはなかなか難しいものです。すらすら所見が書ける子どももいれば、反対に何も書けそうにない印象の薄い子どももいます。

子どもをほめることが苦手な教師は、無意識的に「よい子」「できる子」「頭がよい子」「がんばった子」などの基準しかもっていないという傾向があります。その本人の長所を具体的な活動から見取って、評価する（ほめる）という感覚に乏しいのです。

具体的な活動から見取る長所とは、何かが「できた」というだけではなく、例えば以下のようなことも長所にあげられます。

・明るい	・几帳面である	・あきらめない
・世話好き	・独立心がある	・がまん強い
・よく働く	・正義感がある	・文句を言わない
・注意深い	・協調性がある	・くよくよしない
・よく考える	・誠実である	・よく気がつく
・勤勉である	・粘り強い	・人に親切である

このように、子どもの長所を見取る視点はいくらでもあります。

3 周りの人から聞き取れる子どもの姿

また、子どものよい点に担任の教師が気づけていないだけ、ということも大いにあり得ます。

その自覚があれば、校長、教頭、養護教諭、図書館の教師、給食の調理員さん、校務員さんなどに聞いてみるのもよいでしょう。

「登校の際、いつも１年生の手をつないでくれている」「毎朝、校門に立っている教頭先生に元気よくあいさつしている」「給食当番の後片付けをちゃんとやっている」等々、担任が見えていない子どもの姿を知る

こともできます。

　こうした姿を所見に書き、来学期もこのような姿勢を続けてほしい、という教師の願いを示すとよいでしょう。

4　どうしても長所が見つけられない子どもへは？

　それでも、どうしても長所が見つけられない子どもがいるとしたら、例えば次のように捉えるとよいでしょう。

> 例）1学期の段階で、「やんちゃ」「おっちょこちょい」「5分たつと集中できない」「落ち着いて取り組めない」といったことばかりが目についた子どもの場合

　「元気で活発に授業に参加することができますが、集中力が続かないときもあります。どの授業でも、積極的な態度で根気強く集中して取り組めるように指導しています。」

　このように、よい面である活発さと、もう一歩の面である根気強さの両面を示し、それに対する指導・支援を続けていく教師の方針と意思とを表現しましょう。

　また、「何を書こうか困ったな、成長した点が何もないな」という場合には、「○○しかできない子」として見るのではなく、まず「○○はできる（例：かけ算の九九ならできる）」ということを探すようにしなければなりません。

　「かけ算の九九ができるようになりました。がんばりましたね。次は○○をやってみたらどうでしょう。」

　といった表現に、

　「あなたならできますよ。」

　「必ずできるようになりますよ。」

　「これからの努力に期待しています。」

「この調子で努力を続けることを願っています。」

といった言葉を添えることで、一つでもよい点・できる点をほめると同時に、次学期に向けた意欲への橋渡しにすることが大切です。

その上で、2学期の評価では、

「算数の自信が国語にも発展し、教科書をすらすら読めるようになりました。」

さらに3学期には、

「この1年間で日増しに学習意欲が高まり、学習習慣も身に付き、好きな教科では予習もするようになりました。」

と書くことができれば、子ども本人も、保護者も成長を感じられる通知表となっていくでしょう。

5 短所や欠点を指摘するときの表現

ときには児童の努力を要する点など、その後の指導において特に配慮を必要とする事項の記載も必要となってきます。

その際には、思いつきや恣意的な記述など、客観性や信頼性を欠く内容とならないように注意しなければなりません。また、否定的な表現で締めくくるのは避けるようにし、率直に「教師の願い」「方針」を込めた「肯定的な文」に変えて伝えていきたいものです。

× 授業中、途中から飽きてしまうのか、私語をしている姿が目立つように思います。周りの友だちの学習の妨げとなっており、迷惑をかけているようですので気をつけてほしいものです。

↓

○ 意欲的に授業に参加しますが、途中から飽きて私語をしてしまうときもあります。学習に集中できるようになれば理解がさらに深まりますので、意欲的な面を伸ばし、根気強さを養うように指導をしていきます。

第1章　通知表の機能と所見文のポイント　23

6 段階的に1年の成長期間を見通して評価する

　子どもたちの学習や生活の変化や成長の様子も、3か月程度で違った姿を見せるものです。

　竹の節のように1年間を三つに分けることは、子どもの取組みの過程や育ちの中間的総括としての「とりあえず」の評価期間としては適当な期間であるともいえます。

　2学期制を導入している場合でも、3学期制の視点を所見文に生かすことは非常に重要です。

〈1学期〉

　一人一人の子どもたちの特徴・資質・学級での友人関係、家庭での習い事、伸ばしてあげたいよいところ、すぐれている点などを冷静に見取ることに重点を置きましょう。前年度の指導要録の記録や前担任などからも子どもたちの様子・課題は引き継いでおくことが重要です。その上で伸ばしたい点や課題については、1年をかけて成長してほしい姿として子ども自身に伝えましょう。

〈2学期〉

　学級の人間関係も安定し学習以外の運動会、遠足、学習発表会、音楽会などの行事での集団活動が活発化します。それらの活動の中で、努力してできるようになって友だちから認められた点、友だちと協力してできるようになった成長の成果を見取るようにします。特に、学校生活が中心となる2学期ならではの成長やがんばりを認めましょう。

〈3学期〉

　1年間の仕上げの学期ですから、教師が年度始めに子どもたちに呼びかけて作り上げた「学級目標」に照らして、一人一人の子どもたちが自分の目標を基準としてどれくらいがんばり、成長したかを成果として評価しましょう。ただし、次学年に残した課題については、子ども・保護

者に示しておく必要があります。

7 ▶ 他の子と比較せずその子自身の成長・発達を見取る

　1年間の努力や伸びは学級の子どもたちの間では、個人差が大きく見られます。「かけ算の九九についてはクラスでトップ」になった子どもに対しては、ときには「クラスで一番」という相対評価による評価が子どもにとっての「過信」ではなく、「自信」につながるなら表現してもよい場合もあります。

　しかし、例えば「鉄棒の逆上がり」などの場合、クラスの相対評価ではあまりすぐれていないものの、その子なりにコツコツ努力し、自分なりに「できる」という効力感をもつことができたとします。そのような場合には、その努力を「進歩した」という向上の姿として、子どもや保護者にぜひ文章にして伝えましょう。

　その子が「1学期から見たらどうだろうか」「他の点から見たらどの点が一番すぐれているだろうか」とその子自身を基準に評価する「個人内評価」の視点で認めていく必要があるのです。

　的確に子どものよい点を見取ることは難しいものです。しかし、教師が子どもの小さな変化、成長に喜びを見出し、そのことを保護者にとともに喜ぼうとする気持ちが大切です。

8 ▶ 「学び」と「育ち」の向上・深化を見取る評価

　学校が育てたい豊かでたくましい人間性は、「行動の記録」欄と所見文にこそ表されるものです。したがって、この欄こそ、教師は力を入れて何日もかけて苦労して書き上げます。これこそ、通知表が学力保障だけでなく、成長保障の手立てとなる所以です。

　学習面では、観点別評価の観点に従って評価します。多くの教師が、「知識・理解」は主にペーパーテストの結果から「見える学力」として評価できますが、「主体的に学習に取り組む態度」はペーパーテストでは測る

第1章　通知表の機能と所見文のポイント　25

ことができない「見えない学力」なので困る、と感じているのではないでしょうか。

　「主体的に学習に取り組む態度」は学習・生活両面の構えを作る上で大切な力です。したがって、その見取りは大切な観点です。

　例えば、「試行錯誤しながら学習方法を自己調整していた」「友だちにわかるまで考えを説明していた」「授業で疑問だった点について、図鑑などで調べている」など、子どもに顕れる兆候（シンプトム）を注意深く見れば、見取ることができます。

　その兆候は、学習面だけでなく、生活規律、特別活動における集団での役割など教育活動のあらゆる面で見取ることができます。

　それを認める言葉としては、「粘り強くがんばりました」「一生懸命にやっていました」「大変意欲的でした」「ぐんぐんやる気が出てきました」「意気込みが違ってきました」「最後まで投げ出さずやりとげることができました」などの言葉で表現しましょう。

　子どもが「わかるようになった」「覚えられた」「できるようになった」という知識・理解は、あらかじめ教師が設定した到達基準にどの程度到達したかという「目標に準拠した評価」で達成度を測るようにします。

　そして、子どもが「以前より読書をするようになった」「うさぎ小屋の世話を進んでするようになった」などの情意面における評価は「その子なり」の向上として、「向上目標」という評価基準をもとに見取っていくことが肝要です。

所見文で避けたい表現

1 保護者にわかりにくい表現

通知表の所見文では、専門的な言葉の使用や、抽象的な表現を避け、保護者にもわかりやすく教師の温かい心が伝わるような表現とする配慮が求められます。

POINT 1　教師の教育的・専門的な概念や言葉の使用を避ける

避けたい表現例

- ●社会科学的な物の見方を育てます
- ●社会認識力が弱いところがあります
- ●数学的な思考力を養いたいです
- ●問題解決的な学習態度が望まれます
- ●課題解決的な学習力が必要です
- ●論理的な思考力が育ってきました
- ●観点別評価で見ると
- ●…の領域の力が備わっていません
- ●自己実現する力を育てたいです
- ●変容が期待されます
- ●葛藤する場面があります
- ●友だちとの共感的理解が望まれます

第1章　通知表の機能と所見文のポイント　27

POINT 2　カタカナ表現を避ける

避けたい表現例

- ●友だちとよくトラブルを起こします
- ●モラルを守ることが必要です
- ●違ったアプローチをしています
- ●よくなっていくプロセスを大切に見ています
- ●…のニーズを大切にしています
- ●アイデンティティの確立が期待されます
- ●情報リテラシーが身に付いてきました
- ●他の子に比べて、少しユニークな面があります
- ●学習でつまずいた点をフィードバックします
- ●忘れ物が多く、少しルーズなところがあります
- ●セルフエスティームの方法を身に付けてほしい

POINT 3　つかみどころのない抽象的で心が伝わらない表現を避ける

避けたい表現例

- ●…だと子どもたちから聞いていますが
- ●…させることが肝要です
- ●留意する点として……
- ●学校と家庭の両方からの指導で万全を期すようにしましょう
- ●…できるよう期待してやみません
- ●…する力が育つことを大いに期待しています
- ●全般に各教科において次第に向上してきました

- １学期の様子と変化がありません
- 今学期の成績はいまひとつでしたが…
- 教科により好き嫌いが激しいので…

2 断定的な「決めつけ」の表現

　担任の一方的な見方により断定的な表現は避けなければなりません。
　これまで長年手塩にかけて我が子を育ててきた保護者にしてみれば、「今年、担任しただけの先生にそこまでうちの子の性格や能力がわかるのか」という不快な思いを抱きかねません。そうなってしまうと、今後の学校と保護者の信頼関係が築きにくく、不信感や対立を生むことになるので、特に文章表現には注意してください。
　この所見文を子どもが見たら、保護者が読んだら、どう感じるかという視点で文章を見直してみましょう。また、不安なときは、他の先生に読んでもらいましょう。経験豊かな先生からは必ず有益なアドバイスがあるはずです。

POINT 4　先入観で欠点を指摘する表現は避ける

避けたい表現例

- 短期なところがあり…
- 少しがんこに見えます
- やや頼りないようです
- 自己主張が強いようなので…
- 音楽が嫌いなようですが…
- 作業が雑で、作品もいい加減に仕上げます
- 音楽や図工などの授業でも騒がしいようです
- 授業中、私語をして迷惑をかけています

- ●飽きっぽく授業態度に学習意欲が見えません
- ●授業中「ハイ、ハイ！」と指名するまで挙手します
- ●ノートの字が乱雑です。もう少し丁寧に書きましょう
- ●先生の話を聞いておらず、作業や宿題ができないようです
- ●調子はいいのですが…
- ●社交性がないので…
- ●責任感がないので、努力しようという姿勢が見えません
- ●内弁慶なところが見られ…
- ●教師に対して反抗的な態度が見られます
- ●体育は得意ですが、肝心の算数の理解力が…

POINT 5 性格・能力への「決めつけ」は控える

避けたい表現例

- ●おとなしい性格なので…
- ●気が弱いので…
- ●人見知りをするので…
- ●面倒くさがりやなのか…
- ●能力的には問題ないのですが…
- ●…する力が乏しいため、努力してもなかなか進歩できません
- ●性格的に引っ込み思案なので…
- ●少しチャランポランな面があり…
- ●少し幼稚で、甘えん坊な面があります
- ●発達面で少し遅れがあるようです

- ●独善的になることがあります
- ●行動が粗暴で…
- ●あわてもののようで…
- ●優柔不断な態度が…
- ●のんびりやなので…
- ●…という点が嫌われているようです
- ●性格的に暗い面が見られ…
- ●子どものくせに…
- ●涙もろく、すぐに…
- ●お姉さんはじっくりと物事を考えていましたが…

3 責任転嫁・家庭批判につながる表現

　学校の指導責任を回避して、家庭や保護者に指導を丸投げするような表現は、指導責任の放棄ととられ、教師への信頼関係を損なうことにもつながるので注意しなければなりません。

　このような場合は、「学校でも指導に努めますが、ご家庭でもご協力していただけましたらありがたいです」というように、ともに手を携えて協力を促す表現に配慮しましょう。また、連携が成果を上げたときは、「ご家庭での日々の声かけが実り……」といった足跡を残す表現の工夫も大切です。

POINT 6　指導の責任を家庭・子どもに押しつけない

避けたい表現例
- ●…ですからご家庭でも十分にご指導ください
- ●ご家庭での基本的な生活習慣が身に付いていません
- ●ご家庭でのこれまでの過保護／放任が…

- ●ご家庭の厳しさへの反発として…
- ●ご両親が共働きのため…することができません
- ●カギっ子のため…
- ●おじいちゃん／おばあちゃん子のため…
- ●お姉さんのようにご家庭でも…
- ●お母さんだけではなく、たまにはお父さんもご指導を…
- ●忘れ物、持ち物、整理整頓などはご家庭でご指導ください
- ●ご家庭での躾を期待します
- ●夜遅くまでテレビを見ているのが悪影響して…

4 プライバシーの保護に抵触する表現

　子ども本人をほめようとしている表現ではあるものの、結果として家庭の実態やプライバシー保護に抵触するような文章表現は控えましょう。

　とはいえ、プライバシーに配慮し過ぎて、当たり障りのない表現も温かさに欠けます。このようなデリケートな内容は、事前に保護者との個人懇談会の場で十分な意思疎通を図っておく必要があります。

POINT 7　児童や家庭の事情に関する表現には十分に配慮する

避けたい表現例

- ●苦しい家庭事情にもかかわらず、その学習成果は見事です
- ●貧困に負けず、その努力はクラスの模範でした
- ●父親がいないのにもかかわらず…

- ●母子家庭にもかかわらず、お母さんの努力が…
- ●弟／妹の面倒を見なければならず…
- ●ご両親が共働きにもかかわらず…

5 偏見や差別につながる表現

　子どもの容姿や性格など心身の特徴など、自分ではどうにもできない点についての表現は絶対にしてはなりません。

　また、性別役割分担論に立つことなく、男女差別の表現に注意し、子どもたちに人権やジェンダーを教える教師の役割を果たすことが求められます。

　近年では、学級通信、学級だより、学級文集等の活字になった表現において、個人を特定した内容について、個人の性格・能力、家庭、人格の悪口、誹謗・中傷にあたるとして、プライバシーや人権、ジェンダーの観点から指摘、文書の回収・訂正・再配付を要求されることがしばしばあります。

　通知表の所見文も、その範疇に含まれている文書です。人権尊重の立場から十分に注意して作成しましょう。

POINT 8　容姿、性格などについての差別的な表現は厳禁

避けたい表現例
- ●問題行動をとります
- ●…が原因でいじめをするようです
- ●友だちの持ち物を盗んだり…
- ●宿題を忘れることが多く、いい加減な面があります
- ●手のかかる子どもです
- ●頭でっかちな面があります

- ●チビッ子同士で遊んでいます
- ●運動オンチですが体育はがんばっています
- ●やせているので体力をつけて…
- ●友だちのノートをのぞいて…
- ●行動がゆっくりで、ぐずぐずしていることがあります
- ●不器用なところがあり…
- ●アトピーなど皮膚障害に…
- ●学習障害の面は支援しながら…

POINT 9　人権やジェンダーの観点に配慮する

避けたい表現例

- ●お母さんがお家にいらっしゃるので…
- ●もう少し男／女らしく○○しましょう
- ●男の子なのですから自信をもって発言しましょう
- ●女の子らしい言葉を使いましょう
- ●女の子らしく家でもお手伝いができています

小学1年生の特徴と所見文

1 小学1年生の特徴

　入学したての1年生は、自己中心的で社会性や集団性が未発達です。自分の意見が言えても人の話を聞けないなど、まだ幼児期の名残があります。言動を見ていると、これまでの育成環境、家庭でのしつけ、保護者の養育の様子などがうかがえます。

　低学年の段階では、他と比較しながら自分の学習や生活のペースを調整することができない子どもが多くいます。入学式では手足をゆらし、じっと座っていることができません。また、担任の先生の一言一言に反応することができない子もいます。相手を認めたり、理解することができない子もいます。自分の思い通りにならないと、友達と対立、衝突することもあるでしょう。また、学校生活の善悪の判断は「先生がだめと言ったから」というように他律的です。

　したがって、この時期は「おはよう」「さようなら」などのあいさつや、基本的な生活習慣を身に付けることができるかどうかが、大切な評価基準になります。評価の基準は個人内評価（進歩の評価）でかまいません。しかし、個人内評価だけでは、自分のペースだけで自分の進歩や努力した点を過剰に認める危険性があります。1年生の終わり頃から、自分のペースを友だちに合わせたり、友だちと比べたりする姿が見られ、クラス集団の中で遊びを通して、集団生活のルールを徐々に身に付けていきます。

　そうした成長過程の中で、個人内評価だけでなく、相対評価も少しずつ活用していくようにしましょう。もちろん、各教科の学習では「目標準拠評価」（絶対評価）で評価規準が設定されているので、その観点別

評価規準から達成状況を評価し、加えて一文を添える場合もあります。ただし、その場合にも学級には特別支援を必要とする子どもたちや、入学後うまく登校できない子ども（母親と一緒でないと教室に入らない、母子分離できない子、登校をしぶる子）なども在籍するので、その子に応じた達成目標と評価規準の視点から見取ることも求められます。

つまり、相対評価、目標に準拠した評価、個人内評価をうまく組み合わせて柔軟に見取ることが大切なのです。

2　学期ごとの所見文作成の配慮点

〈1学期〉

少子化時代では、多くの保護者にとって初めての通知表となります。幼児期の行動や言葉づかいが改まったか、学校生活に慣れ、友だちとけんかせず、のびのびと仲良く学校生活を送れたかなどの成長を見取り、具体的に記入し、2学期以降への期待を表す文にしましょう。

〈2学期〉

各教科の学習だけでなく、運動会、音楽会などの学校行事が多くなり、友だちと協力できるようになるなどして、どの子も教室に居場所を見つけ出す時期です。1学期に比べ、友だちと掃除したり、一緒に遊ぼうと声をかけたり、友だち関係が広がるなど変わった点や成長した点などのエピソードを記録してがんばりが伝わるような所見にしましょう。

〈3学期〉

来学期にはいよいよ2年生であり、新しい1年生も入学してきます。子どもたち一人一人に、がんばった点、成長した点を伝え、保護者の努力もねぎらいたいものです。しかし、友だちとのトラブルを減らすこと、自分の気持ちをコントロールすること、文字を丁寧に書くこと、ルールを守ることなど、達成できなかった学習・生活の課題については、次の学年でも努力してがんばるように示し、励ましましょう。

小学2年生の特徴と所見文

1 小学2年生の特徴

　低学年といっても、2年生になると、ぐんと「おにいちゃん」「おねえちゃん」になります。1年生の頃の自己中心性は減少し、徐々に友だちの立場や、相手の気持ちを理解する姿勢が芽生え出す時期です。

　しかし、まだまだ幼児期の自己中心性が抜けない子もいて、友だちと口げんかしたり、ときには自分の思い通りにならないと、手や足を出し衝突やけんかになったりすることもあります。

　生活面での行動の善悪の判断基準は、1年生同様、先生や保護者が決めたことを守るという他律的な時期です。

　教師は子ども集団から目を離せませんが、言葉で話ができるようになってきます。「危険だから信号ルールを守るように」などと教師が善いことと悪いことの判断基準を明確に示し、「だめです」と否定したり、「よくできましたね」「がんばりましたね」と評価したりし、子ども自身の判断基準、価値判断を確実にさせる時期ともいえます。

　学習面では、国語で物語文、漢字、算数ではかけ算（九九）、生活科では「町たんけん」での地域の人との出会いなど、学習・生活空間が学校内外に広がり、学習も知的能力の発達が促されます。

　学級では、給食係など学級での役割、動植物の世話係、掃除の仕事、集団下校時など、社会集団で生活する態度も徐々に育ってくる頃です。

　また、2年生も後半になると、教師に反抗したり、保護者を無視したり、けんかをし、友だち同士で行動するようにもなります。これはギャングエイジに向けた自主性の高まりによる成長発達期の行動であり、社会性の芽生えとしてのサインでもあります。とにかく2年生は、学校生

活が大きく広がる学年といえるでしょう。

2 学期ごとの所見文作成の配慮点

〈1学期〉

　2年生は、昨年入学してからの成長、指導の資料、データが学校にあるので、一人一人の子どもの個性、長所、短所、指導すべき点なども明らかであり、旧担任からの引き継ぎを受けた指導の継続性が強みです。1年生からの持ち上がり担任ではない場合は、子どもを見る視点を変えて、子どもの姿を捉え直すことで新たな出会いと意欲づけにしましょう。

〈2学期〉

　2学期頃から、学習内容が増え、国語、算数などの学力差も出てきます。反復練習、補充の学習、宿題をする習慣など、がんばりや努力することが重要になります。コツコツ努力した点、できるようになったこと、規則正しい生活態度、守るようになったルールなどを具体的にほめ、通知表に書き表すことが中心となるでしょう。

〈3学期〉

　低学年のまとめの時期に入り、学力差や友だち関係ができ始め、保護者も「うちの子の学力は大丈夫か」「友だちとの関係はどうか」など心配になってくる時期でもあります。

　学習については、観点別評価の数字だけでなく、到達状況として優れている点、成長・努力した様子について認めるようにしましょう。

　友だち関係については、クラスの友だち、高学年のお兄さん・お姉さんなどとの交流を通して、少しずつ広がりを見せている様子について認めるようにしたいものです。

　また、学習面でつまずいている点、生活習慣として身につけていかなければならない点についても、中学年の仲間入りをするにあたっての具体的な課題として書いておきましょう。

第2章

学びの姿（学力面）の所見文例

知識・技能

 各教科で身に付けるべき知識を習得していた子

> **POINT**
> 知識の評価は、各教科等における学習の過程を通した知識の習得状況について行います。特に低学年では、気づきや理解したからこそできたことなど、具体的な様子を記述しましょう。

全般 どの教科においても学習内容を理解していた

○ 一つ一つの課題にとても丁寧に取り組んでいます。そのため、どの教科においても学習内容を十分に把握し、理解できています。そのコツコツと努力する姿は、みんなのお手本になっています。

国語 理解したことを詩作りに生かした

○ 「ことばあそびうた」を作る学習では、音や様子の特徴をよく理解して、聞いている人の目に浮かぶような詩を作ることができました。その感性の豊さに感心しました。

算数 立体を構成している面の形を理解していた

○ 箱の形、筒の形、ボールの形などの身の周りにある立体については、立体を構成している面の形に着目して、「さんかく」「しかく」「まる」などの形を見つけることができました。

1 | 知識・技能

算数 考えを修正して知識を獲得した

▲ 長さ比べでは、はじめはブロック6個分とクリップ4個分と表していましたが、ヒントカードを見て、同じ大きさのものを基準としないと比べられないということがわかりました。

生活 学校探検で先生の仕事について気づきがあった

◯ 学校探検の「先生の秘密を探ろう」のインタビューを通して、みんなが楽しく学校生活を過ごすことができるように、いろんな先生がお仕事をしていることに気づきました。

音楽 曲の雰囲気、リズムや旋律の特徴に気づいた

◯ 「楽しくて弾んでいるような感じがするのは、スキップのようなリズムが何度も出てくるからだと思います」と曲の雰囲気、リズムや旋律などの特徴に目を向けていました。

図画工作 材料の形や特徴の理解を制作に生かした

◯ 「ようこそ動物園へ」では、「細長い箱はキリンの首になりそう」「トイレットペーパーの芯は足にならないかな」など、材料の形や特徴を理解して工夫を楽しみながら、自分の表したい動物を作っていました。

体育 鉄棒遊びのポイントを理解し、練習に生かした

◯ 鉄棒遊びでは、腕と頭を前後に振りながら体を振動させる「こうもりふり跳び」で、反ったときに顔を上げて前を見るようにするとうまくいくことを理解しており、何度も練習をしていました。

第2章 学びの姿（学力面）の所見文例　41

❷ 各教科で身に付けるべき技能を習得していた子

POINT 技能の評価は、各教科等における学習の過程を通した技能の習得状況について行います。特に低学年では、「できた」という喜びを積み重ねられるよう、具体的な姿を見取り、記述しましょう。

全般 どの教科でも「できた」と実感できるまで取り組んでいた

○ どの教科においても、「できた」「できるようになった」と実感できるまで、失敗をしながらも粘り強く取んでいた○○さん。最後にはしっかりと各教科に必要な技能が身に付いていました。

国語 書く技能を習得できた

○ 会話文を入れたり、順序を表す言葉を使ったりするなど、相手に伝えたいことをわかりやすく書くことができます。読み返して正しく書き直すこともできます。

算数 意味を理解し、正確な計算ができた

○ たし算やひき算の意味をしっかりと理解しているので、混ざっている問題でも、その問題場面を把握して、「これはたし算」「これはひき算」など、確実に式に表すことができます。

生活 目的に合わせてまとめる技能が身に付いた

○ ポスター、新聞、カードなど、どのまとめ方がわかりやすいのか、伝える相手や伝えたい内容によって考え、工夫をしてとてもわかりやすく伝えることができます。

1 | 知識・技能

音楽 ## 鍵盤ハーモニカの技能を習得した

〇 鍵盤ハーモニカでは、息を速く吹き込んだり、ゆっくり吹き込んだり工夫しながら、やさしい感じの音を出したり、リズム・速度・強弱などに気をつけながら繰り返し演奏したりすることができます。

図画工作 ## 用具を使用する技能を習得した

〇 ハサミを使ったり、のりやテープでつないだりという技能の基礎が身に付いているので、「海の世界」では、図鑑を見ながらサメの細かい牙を丁寧に貼り付けるなど、忠実に再現することができました。

図画工作 ## 基本的な技法を習得した

〇 「海の中で遊ぼう」では、画面いっぱいに広がる海中の様子を表すことができました。絵の具の出す量や混ぜる水の量、パレット・筆などの基本的な使い方やマーブリングの技法を身に付けているからこそです。

体育 ## ボール操作の技能を習得した

〇 「的当てゲーム」では、ゆるやかにボールを転がしたり、投げたり、蹴ったりして、ねらったところに正確に当てることができ、高得点をとっていました。

体育 ## 運動遊びがうまくできなかった

△ 跳び箱を使った運動遊びでは、はじめは膝を曲げずに着地がうまくできませんでしたが、両手で軽くマットを触るように声をかけると、膝を曲げることを意識し、上手に着地することができるようになりました。

第2章　学びの姿（学力面）の所見文例　43

❸ 授業のポイントをつかみ、内容を正確に理解していた子

POINT 学習したことすべてを時間をかけて理解しようとするのではなく、ポイント（要点）をおさえて取り組んでいる様子を見取り、伝えます。このような子どもは知識を習得するスピードが速い傾向にあります。

全般 どの教科においてもポイントを理解できた

○ どの授業においても、その時間のめあてをしっかりと理解し、学習内容のポイントを把握して解決できています。そのため、どの教科においても理解が定着しています。

国語 主語と述語の関係の要点を理解できた

○ 主語と述語の学習では、主語がない場合、述語がない場合、主語も述語もない場合を比べることで要点を捉え、それぞれのわかりにくさを実感し、主語と述語の必要性を理解することができました。

算数 ひき算の意味を理解できた

○ 生活におけるひき算の場面をしっかりとつかんでいるので、8－3＝5の式を「砂場に8人の子どもがいます。3人の子どもが帰りました。子どもは5人になりました」というように文章化することができます。

算数 水のかさ比べの方法のポイントを理解できた

○ 水のかさを比べるときは、コップの大きさが違うと正しくはかることができないというポイントに気づき、どちらにどれだけ多く入るかで比べることができることを、理解することができました。

1 | 知識・技能

生活 コマ回しのコツを理解できた

○ 「昔遊びを楽しもう」では、はじめはなかなかうまく回らなかったコマですが、何度か挑戦しているうちにコツをつかみました。手のひらに乗せて回したときは、教えていただいた○○さんもびっくりされていました。

生活 比べるポイントを的確に捉えていた

○ 「秋見つけ」では、葉の色や枚数、空の様子、気温など、春や夏と比べるときのポイントをいち早く考え、その違いを的確に捉えて発言し、ワークシートに書いていた○○さんの姿が印象的でした。

音楽 鍵盤ハーモニカの指づかいを理解できた

○ 鍵盤ハーモニカの指づかいをしっかりと理解しているので、少し速い曲でも、どの指でおさえたらいいかをすぐに判断でき、要領よく練習に励むことができます。

図画 工作 イメージの捉え方のポイントを理解できるようになった

△ 「ちぎったかみをへんしんさせよう」では、イメージがなかなかもてないようでしたが、でこぼこした形に目を向けたり、向きを変えてみたりすることで見え方のポイントがわかり、イメージを膨らませていました。

体育 大縄跳びの跳ぶタイミングを理解していた

○ 大縄跳び遊びでは、練習を重ねて跳ぶタイミングをつかみました。自分の前の跳ぶのが苦手な友だちには、跳ぶタイミングで背中をポンと叩いて合図を送っていました。

第2章 学びの姿（学力面）の所見文例　45

❹ わからないことがあれば質問し、理解を確実なものにしていた子

POINT 理解できていない子は、何がわからないのかがわからないという場合もあります。何でもすぐに質問するのではなく、わからないことを質問することこそ、理解定着の早道です。その具体的な姿をしっかりと称賛して記述しましょう。

全般 わからないことがあると質問した

○ 課題に一つ一つ丁寧に取り組み、学習中にわからないことがあると、じっくりと考えた末に質問し、疑問を解決しています。そのため、学習内容をしっかりと理解しています。

全般 進んで質問をして解決できた

○ わからないことがあれば、「これはどういうことなの？」と友だちに進んで質問をして、解決することができます。その積み重ねが理解の定着につながっています。

全般 質問し、自ら理解しようと努めていた

○ わからないことがあると、一つ一つ質問して確認し、自ら理解しようと努めていました。その質問が、○○さんの学びになるとともに、学級全体に学びの広がりをもたらしています。

国語 どんな内容について書けばいいのかを質問し、理解を深めた

○ 「わたしのはっけん」では、「大きさ」「色」については発見メモに書いていましたが、他に何を書けばいいか悩んでいました。友だちに質問したことで、「触った感じ」について書き加えることができました。

1 | 知識・技能

算数　間違えた問題をわかるまで質問していた

○　間違えた問題も、投げやりになることなく、休み時間に質問をして、わかるまで繰り返しチャレンジする姿がすばらしかったです。その結果、国語のテストの点数が着実に伸びています。

算数　わからなくても、自分からは質問できなかった

△　12本のひごをどう組み合わせると箱の形ができるのかを、やってはみたものの、うまくいかなかったとき、隣りの子にヒントをもらうと理解ができたようです。自分から友だちに聞けるようになるといいですね。

生活　インタビューの質問内容を整理していた

○　2回目の「まちたんけん」でのお店へのインタビューでは、1回目に聞いた内容を整理し、不思議に思ったことを考えてたずねていました。特に、お店の苦労について熱心に聞いていました。

音楽　リズムの模倣ができるようになった

○　リズム遊びでは、思ったようにまねっこができないので、どうしたらいいかを自分から聞きにくることができました。「休み（休符）」を意識するよう助言すると、自然にリズムの模倣ができるようになりました。

図画工作　友だちの作品の工夫をたずねて自分の作品に生かした

○　「おって　たてて」では、「どうして切り込みを入れているの？」「どうやって紙を立たせているの？」と友だちの作品の工夫について質問しながら、自分の作品をよりよいものにしようと取り組んでいました。

第2章　学びの姿（学力面）の所見文例　47

❺ 目的をもって、反復練習に取り組んでいた子

POINT 技能等習熟の段階に入ると、こなすスピードや回数に目がいきがちです。特に低学年では、一つ一つを丁寧に取り組みながら、繰り返し練習している姿を認めて伝えましょう。

全般　ゆっくりと丁寧に繰り返し練習した

○ 計算やひらがなの毎日の宿題では、ゆっくりと丁寧に取り組むことを目標に、コツコツと繰り返し学習した結果、着実に力がつき、正確に計算やひらがなを書くことができるようになりました。

全般　苦手な学習を克服するため繰り返し練習した

○ どの教科においても、苦手な学習も前向きに挑戦し、目標をもって繰り返し努力して克服しようとしています。その姿はクラスの見本となっています。

国語　めあてをもって音読を繰り返した

○ 音読では、姿勢・口形・声の大きさに気をつけることをめあてに、友だちやおうちの人に何度も聞いてもらいました。すると、言葉のまとまりや響きがよくなり、とてもわかりやすく発表することができました。

算数　九九の苦手な段のみ繰り返し練習した

○ 九九の学習では、苦手な「6の段」「7の段」「8の段」の定着をめざして、九九の歌や単語カードなどを活用しながら、地道に反復練習を繰り返していました。その努力に感心しました。

1 | 知識・技能

算数 問題を解くスピードを意識しすぎて、ミスが多発した

△ 解いた問題の数を友だちと競って練習に励んでいますが、うっかりミスがよくあります。スピードよりも正確性を重視し、目標をもって取り組みましょう。

生活 おもちゃを高く跳ばすため何度も挑戦した

○ 「うごくうごくわたしのおもちゃ」では、パッチンガエルを高く跳ばそうと、ゴムの太さや大きさ、量を変えながら、何度も何度も繰り返し挑戦し続けました。

音楽 タンギングの仕方等をマスターするため練習した

○ 鍵盤ハーモニカでは、休み時間などに、鍵盤のおさえ方やタンギングの仕方をマスターしようと、繰り返し練習していました。その結果、正しい演奏の仕方を身に付けることができました。

図画工作 用具がうまく使用できないので、練習した

○ 思うようにハサミが使えないので、紙に自分でいろんな線を描いて、その線に沿って切り取る練習を続けました。その成果が表れ、「チョキチョキかざり」では、自分の思いどおりのかざりを仕上げることができました。

体育 自分なりのめあてをもって、練習の手立てを考えた

○ マット遊びでは、遠くに手をついて前転がりをするために、赤玉を一つ置いて跳び越えることから始めて、二つ、三つと増やしながら、何度も練習を重ねた結果、赤玉がなくても見事に遠くに転がることができました。

第2章 学びの姿（学力面）の所見文例 **49**

6 自分なりに工夫して わかりやすいノートを作っていた子

POINT 1時間の授業を振り返り、その学習内容がわかるように情報を整理して記録することにより、意欲が高まり、知識・技能の定着につながっている様子を伝えましょう。

全般 項目を網羅し、丁寧に書くことができた

○ どの教科においても、日付、単元名、めあて、自分の考え、まとめ、振り返りを必ず書いて、文字は丁寧に、線は定規で引き、行間を空けるなど、とても見やすいノート作りができます。

全般 板書を写すだけではなく、考えを深めることができた

○ 授業中に板書をただ写すだけではなく、自分の考えとともに、友だちの意見、重要なポイントを書き足して、もう一度自分の考えを書き、深めようとしています。

全般 見返すときにわかりやすいようにノートをとっていた

○ どの教科においても、字の書き方が丁寧で、学習したことをわかりやすく見返すことができるようにしていました。クラスのお手本となり、「ノートの使い方名人」に選ばれました。

全般 わかりやすくまとめているが、時間がかかっていた

△ 大事なところに線を引いたり、四角で囲んだりと、とても丁寧に書いて、見やすいノートを作っています。時間がかかりすぎて、授業中に終わらないこともあるので、見通しをもって取り組めるといいですね。

1 | 知識・技能

全般　きれいに書くことが目的になっていた

▲　ノートはとてもきれいに書いていますが、なかなか成績に表れないようです。たくさんの色を使うなど、「きれいに書く」ことが目的ではなく、見やすくポイントがわかりやすいノート作りになるといいですね。

国語　気をつけるところを赤丸で囲んでいた

○　漢字の学習ノートには、とめ、はらいに気をつける箇所を赤丸で囲むなど、自主的に工夫した漢字練習がずらりと並んでいて、しっかりと覚えたいという意気込みが伝わってきました。漢字テストはいつも満点でした。

算数　ノート作りにキャラクターを活用した

○　ノートに、式や答え、根拠となる必要な絵や図とともに、自分でキャラクターを作り、なるほどと思う友だちの考えを書き足すことができます。中学年のノートかと思うほど、わかりやすかったです。

生活　わかりやすい設計図を作った

○　「おもちゃランドへようこそ」では、自分が作りたい動くおもちゃを作るために、どのような材料が必要か、どのような工夫を取り入れるかなどを記した設計図をわかりやすくノートにまとめることができました。

音楽　理由と気づいたことを分けて書いた

○　鑑賞ワークシートでは、いつも「○○のように聞こえたから」という理由と、曲を聴いて感じたこと、イメージしたこと、気づいたことをしっかりと分けて書いています。

第2章　学びの姿（学力面）の所見文例　51

❼ 自分の考えを絵・図・表・グラフ等に整理することができていた子

POINT 思考を伴いながら、知識・技能を習得することが大切です。絵や図にまとめ、思考を可視化して、自分の考えを整理している様子を見取り、具体的に記述しましょう。

全般　表で整理した

○ 朝のスピーチでは「わたしの宝物」を発表しました。大好きなビー玉について、ノートに絵と色別にいくつあるかをまとめた簡単な表を書き、モニターに映しながら発表しました。

国語　表にまとめて気持ちの変化を理解できた

○ 「○○」の学習では、登場人物の様子や気持ちがよくわかるように、表にまとめることを提案し、学級全体の学びへと広がりました。表にすることで、気持ちの変化をとてもよく理解することができました。

国語　比べるときに表に整理していた

○ 「同じところ、ちがうところ」では、二つのものを比べるときに、「表にしたらわかりやすい」と発言しました。ペア学習では整理された表を見ながら、色、形、大きさなどの同じところと違うところを確かめました。

算数　絵や図に表してから立式した

○ かけ算の学習では、問題をよく読んで問題場面を想像したのち、どのように解いたらいいか、考えを絵や図に表し、立式していました。とてもわかりやすくまとめていました。

1 | 知識・技能

算数 絵や図を使用せず立式のみで問題を解いた

▲ 文章問題ではすぐに式に表すことができます。しかし、なぜその式になるのか、説明を書き表すことは苦手なようです。立式前に、問題の場面や数の関係を絵や図に書いて想像したり、整理したりできるといいですね。

生活 収穫した数を絵で表した

◯ プチトマトの苗に「大きくなってね」と声をかけながら、毎日水やりを欠かさず大切に育てていました。収穫できたときは、いつ、いくつとれたかを絵で表したので、グラフのように一目で様子がわかりました。

生活 絵や図で成長をまとめた

◯ 「明日へジャンプ」では、自分を振り返り、できるようになったことを調べ、絵や図を使い、「1年間の成長すごろく」にまとめました。おうちの人と一緒にすごろくをしていた◯◯さんの笑顔が素敵でした。

音楽 気持ちを顔の絵で表した

◯ 音楽の鑑賞では、曲を聴いて、リズムや旋律の面白さについて、気づいたことを整理することができました。特に感じた気持ちを、顔の絵で表していたことがわかりやすく印象的でした。

図画 工作 友だちの作品を絵で記録していた

◯ 鑑賞ノートでは、友だちの絵や作品のいいところを見つけて書いていました。それぞれの作品を簡単に絵に表し、矢印でどの部分がそう思うかをわかりやすく残していました。

第2章　学びの姿（学力面）の所見文例　53

⑧ 目的に応じてICT機器等を上手に活用し、調べることができていた子

POINT 低学年では、ただICTを活用することだけで意欲が高まる場面もあります。そうではなくて、ICTを活用することによって教科内容のより深い理解を促し、知識の定着や技能の習熟を図る学習活動を見取り、記述しましょう。

全般 タブレットで絵を描いたり調べたりした

○ タブレットを操作することが得意で、絵を描いたり、調べたりすることが上手にできます。隣りの友だちが困っていると、丁寧に説明しながら教えてあげていました。

全般 タブレットで習熟問題に取り組んだ

○ 課題を仕上げると、少しの時間も惜しんでタブレットを起動させ、習熟問題に取り組んでいます。苦手な算数の問題に挑戦し、動画による解説を聞きながら、問題を解こうと努力する姿は立派です。

国語 アプリの自動判定を活用して漢字を練習した

○ 書き順と字形（とめ・はね・はらいなど）を自動で判定してくれる漢字練習アプリが大好きで、丁寧に取り組んでいるので、間違えたままノートに練習することはなく、定着につながっています。

国語 タブレットのアプリを活用して、カレンダーを作成した

○ 「思い出ブックを作ろう」では、1年を振り返り、毎月思い出に残った出来事をカレンダーに表しました。アプリを使って、その場面を絵にして、なつかしく思いながら自分の成長を実感していました。

1 | 知識・技能

算数 ドリルコンテンツを活用して九九の学習をした

○ かけ算のドリルコンテンツを活用し、休み時間や給食準備の時間も何度も何度も九九の練習をしていました。全問正解を繰り返すたびに、次第に自信がつき、九九を唱える試験に一番最初に合格しました。

生活 撮影した写真を活用して発表した

○ 学校探検では、あまり1年生では使用しない音楽室や家庭科室について調べ、撮影した写真を見せながら、どんなところかわかりやすく発表しました。

図画工作 友だちの作品を写真に撮り、いいところを囲んだ

○ タブレットで撮った友だちの作品の写真に、作品のアピールポイントだと思うところを丸で囲んで書き込み、友だちに伝えていました。友だちが考えていたポイントと合っていたので、友だちはとても喜んでいました。

図画工作 タブレットを使用するルールを守ることができなかった

△ お絵かきソフトを活用しているとき、「タブレットを閉じましょう」という指示が聞こえないほど、集中して描き続けているときがありました。楽しい活動であることはわかりますが、きまりを守ることも大事です。

体育 スロー再生機能による跳び箱のポイントをチェックした

○ ペアの友だちに、跳び箱の様子をタブレットPCで撮影してもらい、スロー再生機能を活用して、手を跳び箱の遠くについているか、足をどこに乗せているかを確認していました。

第2章　学びの姿（学力面）の所見文例　**55**

❾ 既習事項や既有の知識・技能を関連付けて理解していた子

POINT 新学習指導要領では、既有の知識及び技能と関連付けたり活用したりする中で概念などを理解したり、技能を習得したりしているかについて評価することが求められます。具体的な姿を記述しましょう。

国語　生活科の学習を国語科で活用して、理解が深まった

○ 自然に親しむ登場人物の姿を通して、生活科で行った動物や植物の観察で多くの自然に触れたことなどを思い出していました。自然の美しさやすばらしさについて、理解を深めることができました。

算数　既習事項を活用して問題を解決した

○ 2枚のレジャーシートを直接重ねるなどの活動を通して、さらに今までに学習したことを思い出し、長さと同様に、広さも直接比較することができる量であることを理解していました。

算数　既習事項を活用して課題を解決していた

○ 大きな数を数えるとき、はじめは2ずつ数えていましたが、1年生で学習したことを思い出したようで、10ずつ、100ずつにまとめて数えたほうがよいことに気がつき、発言していました。

生活　比較して気づきを得た

○ 「秋見つけ」では、春や夏と比較しながら、木の葉の色が変わることや、木の実が落ちていること、春に比べてバッタが見つけやすくなっていることに気づきました。

1 | 知識・技能

生活 ## 体験をもとに提案した

○ 「つくろう　あそぼう」では、地域のお祭りのときに面白かったお店を思い出して、的当てゲームや金魚すくいを提案し、身近な材料を使って、友だちと協力して制作していました。

生活 ## 昔の遊びと受け継がれてきた歴史が結びつかなかった

△ 地域の老人会の皆さんに昔のお正月遊びを教えていただき、友だちと思いっきり楽しんでいた姿が印象的でした。季節に合った遊びでずっと受け継がれていることには気づいていないようでしたので、一緒に考えました。

音楽 ## 前学年での既習事項を取り入れて表現した

○ 音遊びでは、1年生の「やまびこ遊び」のときに学習した強弱の表現のよさを思い出して活用するとともに、繰り返しを取り入れ、自分なりにカエルの鳴き声や様子を表すことができました。

図画工作 ## 既習の技能を活用して作品を制作した

○ 造形遊びで習得した「材料の特徴」や「材料の形を変える技」を生かして、イメージをどんどん広げ、自分の作りたいものを立体作品として表すことができました。

体育 ## 既習事項を活用して挑戦した

○ マットを使った運動遊びでは、クマ歩きやウサギ跳び、ゆりかごなどで養った腕支持感覚、バランス感覚、回転感覚を生かして、前転がりをスムーズにすることができました。

第2章　学びの姿（学力面）の所見文例　57

⑩ 習得した知識・技能を他の学習や生活場面でも活用できていた子

POINT 新学習指導要領では、他の学習や生活の場面でも活用できる程度に概念等を理解したり、技能を習得したりしているかについて評価することが大切です。他教科や生活に生かせる場面を設定し、その姿を具体的に記述します。

全般 図書館で得た豊富な知識を生活科で活用した

○ 日常的に図書館に行き、特に虫の図鑑をよく読んでいました。生活科の「虫探検」では、その知識をふんだんに使い、先頭になって、グループを引っ張って学習していました。

国語 習得した漢字を他教科の記述に活用した

○ 漢字の学習では、小テストでいつも満点をとっていました。生活科や道徳などで自分の考えを書くときにも、確実に学習した漢字を使えるようになっています。

国語 書く技能が身に付いておらず、苦手意識をもっていた

△ 書くことに苦手意識をもっていましたが、国語で学習した段落の使い方や会話文を取り入れてみるようアドバイスしたところ、様子が目に浮かぶような遠足の作文を書くことができました。自信をもちましょう。

算数 国語で身に付けた技能を算数の説明で活用した

○ 国語の説明文で学習した順序を捉えながら読むことを生かして、算数の計算の方法を「まず」「次に」などの言葉を使って、順序よく説明することができました。

1 | 知識・技能

生活　グラフでの表現を生活科で活用した

○　算数で学習した絵グラフに表すことを生かし、生活科で育てているアサガオの絵を咲いた数だけ描くことで、「1週間で全部で何個咲いたか」「何曜日が一番咲いたか」などが一目でわかるよさを実感していました。

生活　国語の技能を活用し、わかりやすい文章表現ができていた

○　国語で学習した、順序を表す言葉や、したことや気持ちの詳しい書き方を使って、生活科で自分が行った「まちたんけん」の様子をとてもわかりやすくおうちの人たちに伝える原稿を作ることができました。

生活　地域の声を自分の学習に生かした

○　地域の農家の人へのインタビューで、自分の子どものように話しかけながら野菜を育てていると聞いて、○○さんが大切に育てているプチトマトに、「のどかわいていないかな」「いい天気だね」と声をかけていました。

音楽　音楽の技能を生活科で活用した

○　昔遊びを教えてくださったおじいちゃん、おばあちゃんたちを「ありがとう発表会」に招待し、お礼の気持ちを込めて、音楽で練習して吹けるようになった鍵盤ハーモニカで演奏をしました。大変喜ばれましたね。

図画工作　図工で身に付けた技能を生活科の記録に活用した

○　図工で学習したフロッタージュ（こすり出し）という技能を活用して、生活科の「秋見つけ」でもってきた落ち葉を写し取っていました。見た目だけでは気づかなかった凹凸とその感触が伝わってきました。

第2章　学びの姿（学力面）の所見文例　59

2 思考・判断・表現

❶ 根拠ある予想や仮説を発想し、問題解決していた子

POINT　低学年児童の自ら問題を解決しようとする姿勢は、自分で説明できる根拠がある予想や仮説がなければ持続しません。どんな既習の内容や生活経験をもとにして予想したのか、見方・考え方を働かせている様子を記述しましょう。

全般　どんな教科も予想を立てて取り組んでいた

○　どの授業でも、めあてをつかんだ後、まず自分で予想を立ててから自分の意見を考え、解決しようと取り組んでいました。その予想は、今まで学習したことを思い出しながら、考えています。

全般　話型を使って発言できていた

○　予想を立てて発言するとき、まず自分の意見や思いを言った後に「どうしてかというと」と言う話型を使って、理由を説明することができました。その予想をもとに、課題解決に向かう姿は立派です。

全般　理由を考えながら予想を立てられなかった

△　「こうじゃないかなあ」と漠然と予想を立てる○○さん。今度は、「なぜ、そうなると思うのか」と、簡単な理由を考えながら、予想を立てて自分の考えを説明することができるといいですね。

2 | 思考・判断・表現

国語 主人公の気持ちを生活体験をもとに考えていた

○ 物語の学習では主人公の気持ちを考えるとき、自分の日常生活を振り返って、身近なことや経験したことなどをもとに「ぼくだったら……」と予想することができました。

算数 自分なりの予想を立てて広さを比べていた

○ 広さ比べをするとき、長さで学習した見方を働かせて「重ねたら比べることができると思う」と自分で方法の予想を立てることができました。すぐに行動するのではなく、見通しをもって解決しようとする姿は立派です。

生活 予想を立てて調べていた

○ 「秋見つけ」では、春や夏と違うところを予想して公園に向かいました。「葉っぱの色や数が違うと思う」という予想と比べてどうだったかをわかりやすくまとめることができました。

生活 予想して行動していた

○ 家族について考える学習では、家族がにこにこするときを予想して、取材をしました。もっとにこにこできるようにと、自分ができることを見つけて取り組んだ結果、おうちの人たちがとても喜んでくれました。

音楽 予想してリズムを考えていた

○ 「ことばでリズム」では、3文字のことばを用いてどんなリズムをつけようか予想してから考えていました。拍や反復等に気をつけて工夫を考えてから、実際にことばに合わせて素敵なリズムを完成させました。

第2章　学びの姿（学力面）の所見文例　61

❷ 見通しをもって、筋道を立てて考えていた（説明していた）子

POINT 問題解決に着手すると、特に低学年ではあまり考えずに早く結論を出そうとする傾向があります。見通しをもつことで筋道立てて考えようとし、早さではなく、納得のいく結論を出すことを意識している場面を評価します。

全般　話す順番を考えて話していた

○ 聞いてもらう人にわかりやすく伝えるためには、どんな順番で話すといいか見通しをもって考えました。言いたいことをはじめと終わりに話して、途中にそう思う根拠と体験を伝えると、わかりやすいと気づきました。

国語　見通しをもってわかりやすい文章を作った

○ 「宝物を紹介しよう」では、まず宝物の何を伝えたいのかについて、見通しをもってから書きました。気に入っているところ、大切にしている理由などが明確になって、とてもわかりやすい紹介文となりました。

国語　見通しをもった活動ができていた

○ 「スイミー」の行動をまとめる活動では、「起こったことを順序ごとにまとめてみるといいのでは」と見通しをしっかりと捉えて活動に入りました。スイミーの気持ちをとてもわかりやすくまとめることができました。

算数　見通しをもって計算の方法を考えていた

○ 2桁のひき算の計算の仕方を考える学習では、「たし算と同じように計算したらいいのでは」と見通しをもつことができました。見通しの通り、位ごとに分けて計算できることがわかり、自信をもちました。

2 | 思考・判断・表現

算数　見通しをもたずに、ただ問題を解こうとしていた

▲ 算数の文章問題では、問題の数字や言葉で判断して、すぐに式に表して間違えることがありました。問題場面を想像したり、数の関係を絵や図に表してから、式作りに、向かえるといいですね。

生活　見通しをもってアサガオを育てていた

○ 「きれいにさいてね」ではアサガオを育てました。まず種を見て、アサガオになったつもりでこれからの成長の願いを考えました。どんな風に種をまいてほしいか、育ててほしいか、イメージをもってからまきました。

音楽　どう歌うか、見通しをもって歌っていた

○ 「かたつむり」の学習では、目や角、遅い動きを想像して「こんなふうに歌いたい」という思いをもって試していました。拍の流れに乗って体を動かしながら、思いを乗せて歌うことができました。

図画工作　見通しをもって絵を描くことができなかった

▲ 絵を描くとき、自分の好きな色からぬるので、色のバランスや構図が整わず、描きたい絵とかけ離れてしまい困る場面を見かけました。完成を想像し、見通しをもって作業しましょう。

体育　どのようにしてクリアするか見通しをもって取り組んだ

○ 「ケンパー跳び」をやったとき、先生の作ったコースをただ単に跳んでいくのではなく、クリアするためにはどのように跳んでいけばいいか見通しをもってから活動できていました。

第2章　学びの姿（学力面）の所見文例　63

③ 身に付けた知識や技能を活用して考え判断し、課題を解決していた子

POINT　「思考力・判断力・表現力」は、「知識や技能」を活用するにあたり中核となる力です。習得した知識・技能を生かしながら、これらの力を駆使して課題解決している様子を具体的に記述します。

全般 学びを生かした日記を書いていた

○ 日記を書く学習では、幼稚園のときの絵で伝える活動で学んだ「やったことをすべて書くのではなく、一番書きたいことを書くとよい」ことを生かし、わかりやすい文章を書くことができていました。

全般 今まで学習したことをもとに自分で意見を考えていた

○ どの授業においても、今まで学習したことをもとにして、自分で意見を考えようと「一人タイム」に臨み、課題解決に向かう姿はみんなのお手本になっています。

国語 「はじめ・なか・おわり」を分けて文章を書いていた

○ 1年生のときに習った「はじめ・なか・おわり」に分けて文章を書く方法を使って、読書感想文の構成を簡単なメモで考えてから書いていました。なかなか書けない友だちにも「こうしたらいいよ」と教えていました。

算数 既習の見方を働かせて解決に向かっていた

○ 長さを比べるときは、「鉛筆の何本分」などで比べることができたので、その見方を働かせて、広さを比べるときも、「○○サイズの紙の何枚分かを考えれば比べることができるのでは」と考えて、課題解決に向かいました。

2 | 思考・判断・表現

算数 それぞれの位に入る数字を考えていた

○ 3桁の数を習い始めるとき、2桁までの位取りで習ったことから考え、「それぞれの位に入る数は0〜9で、100の位には0が入りません」とまとめていました。

生活 既習内容と比べて季節の様子の違いに気づいていた

○ 「秋見つけ」では、春や夏に来たときの葉の色や葉の数を思い出し、比べることで、季節によって、自然の様子に違いがあることに気づきました。落ち葉に「ごくろうさま」と話しかけていました。

音楽 1年生の学習をもとに工夫していた

○ 1年生で歌詞の意味をもとにして歌い方を工夫した経験を生かし、虫の鳴き声の強さなどを工夫して「虫のこえ」の歌い方を考えました。元気さも表した○○さんらしい歌となりました。

図画工作 以前習ったことを思い出しながら解決に向かった

△ 新聞紙を切ったりつないだりしながら、作りたい形にする活動では、最初は進みませんでしたが、1学期に新聞紙を並べたり丸めたりして感触を楽しみながら思いついた形を作ったことを思い出すと、進み始めました。

体育 1年生で身に付けた技能を生かして解決していた

○ 「しっぽとりゲーム」では、1年生で学習した鬼遊びで身に付けた、急に速く走ったり、急に曲がったりしてかわすことを生かしながら、しっぽを取られないようにどんな動きの工夫をしたらいいか、考えました。

第2章　学びの姿（学力面）の所見文例　65

❹ 理由や根拠を明らかにして、相手を意識しながら自分の考えを発言できていた子

POINT 低学年期の子どもは、理由や根拠をもたずに自分の思いや感情で対話をしていることがあります。「わかった」と思っていても、実は考えが深まっていません。理由や根拠が明確に伝わるように学び合っている姿を、記述や発言の様子から評価します。

全般 友だちに自分の意見を理解しているか確認していた

○ どんな教科の学習においても、ペア学習のときは、自分の言った意見に対して友だちが自分の根拠や考えをわかっているか、「もう一度言ってみて」と確かめながら発言している姿には感心させられます。

全般 理由を考えてから発言することができなかった

△ 自分だけがわかるような発表をしていることがあります。面白いアイデアのときもありますが、どうしてそう思ったのかわからないことが多いです。自分の思いではなく理由を添えて考えを発言できるといいですね。

国語 自分の考えをノートを見ずにわかりやすく伝えた

○ 国語の時間に登場人物の気持ちを考えて発表する際、自分が経験したことをもとに、ノートを見ないで相手に伝わるように自分の言葉で伝えることができました。とてもわかりやすいと好評でした。

国語 記述を根拠に意見をまとめて発表した

○ 国語の時間の話し合いの場面では、物語文でも説明文でも、本文に書いている言葉や文をもとにして自分の意見をまとめ、発表していました。みんなからは「なるほど」と納得してもらい、本人もうれしそうでした。

2 | 思考・判断・表現

算数 根拠を示しながら提案していた

○ 家からもってきた箱を形でグループ分けするときには、「三角があるからこのグループかな？」などとしっかりと自分の意見の根拠を示しながら、グループを提案し、分けていました。

算数 理由をわかりやすく示しながら説明した

○ かけ算の学習では、かけられる数とかける数が逆になっていることを、まずブロック操作で見通しをもち、それを絵に表して示しながら説明しました。わかりやすい説明で、みんなの理解を促進しました。

算数 式の決定の理由を絵で示しながら説明した

○ 算数の授業では、文章題を解くときには、いつも問題の場面をイメージして絵に表してから、「こんな絵になるから○○算になる」と理由を示しながら説明して、どんな問題でも解答することができます。

算数 自分の考えを示しながらわかりやすく説明できた

○ 正方形の紙が正方形であることを説明するために、辺同士を重ねて折るなどして、4つの辺すべての長さが等しいことをみんなの目の前で示しながら説明できました。とてもわかりやすくみんなもすぐに納得しました。

生活 考えた理由とともにわかりやすく発表できた

○ 「まちたんけん」では、「□□だから、ここが大好きになりました。○○さんはどう思いますか？」と、自分の理由を明確に伝えるとともに、友だちにも意見を求め、「□□だから同じだね」と意見交換していました。

第2章 学びの姿（学力面）の所見文例 67

❺ 図・表・グラフ・資料等を使って、適切に判断したりわかりやすく発表したりできていた子

POINT 低学年期では、学習課題に対する自分の考えを、絵や簡単な図、表、グラフ等を使うと、わかりやすくまとめたり、発表できたりします。その様子をしっかりと評価します。

国語　スイミーの気持ちを感情曲線に表した

○ 「スイミー」の学習では、スイミーに起こったことを順序よくまとめ、そのときのスイミーの気持ちを感情曲線に表していました。何があったからこのように気持ちが変化したということがとてもよくわかりました。

算数　表やグラフに表してまとめた

○ 「お誕生日調べ」の学習では、友だちの誕生月を調べ、人数を自分の考えたドットグラフで表しました。パッと見たときにわかりやすいように、ドットの大きさをそろえるなど工夫していました。

算数　わかりやすいテープ図を書いていた

○ 文章題を解くときに、数量関係を「もとからある数は青」「後から変わる数は赤」と色分けしたテープ図を使ってうまく表していました。とてもわかりやすい図で計算ミスもありません。

算数　アサガオの様子を表にまとめて上手に発表した

○ 学校で育てたアサガオが咲くたびに表に色をぬってまとめていました。そこから、何曜日に咲くのが一番多いか、何色が多いかなどをまとめ、わかりやすく発表し、みんなからアサガオ博士に認定されました。

2 | 思考・判断・表現

生活 年表や吹き出しを活用してわかりやすくまとめていた

○ 「明日へジャンプ」では、今までの自分の成長を巻き物にまとめました。年表には出来事を、吹き出しには思ったことを書き、写真や絵も使いながら、世界に一つだけの巻き物ができあがりました。

生活 インタビューしたことをまとめることができなかった

△ 生活科で学校の探検をしたとき、それぞれの部屋で先生にインタビューしたことをまとめることが難しかったようです。「表にまとめるとわかりやすいよ」と友だちから聞いてやってみて、「なるほど」と思ったようです。

図画工作 構図を描いて判断していた

○ 作品を作る際、あらかじめ構図をメモして、あれこれと修正しながらこうしようと決めてから、作品に取りかかります。その工夫が作品に表れ、作品展に出展されました。

体育 図を使って説明していた

○ 「ボール投げゲーム」の学習では、ゲームを楽しくするためのルールを考えて説明する際、タブレットに示した図がとてもわかりやすく、クラスのみんなが納得していました。

体育 作戦を図で表して考えていた

△ 「折り返しリレー」では、コースをどのように工夫して走るかをチームで考える際、コーンや段ボールの置く場所や走り方を図で表しながら、理由を添えて提案したので、その作戦が見事に採用されました。

第2章　学びの姿（学力面）の所見文例　69

6 対話を通して、自分の思いや考えを広げたり深めたりしていた子

POINT 自分の考えをもち、他者と比較することで、自分では気づかない考えと出会い、「なるほど」と思ったり、「やはりこれでよかったんだ」と自分の考えが強化されたりする様子を書きます。

全般 友だちと比べながら、自分の考えを確かなものにしていた

○ 自分の意見をもって積極的に学び合い活動に参加し、自分と友だちの意見を比べながら意欲的に意見交換しています。特に友だちと同じ考えだったときは「やったぁ」と言って、自分の考えに自信をもっていました。

全般 対話を通して自分の意見をさらによいものにしていた

○ どの教科でも、学び合いでは、自分の意見をもとに友だちの意見に関心をもってうなずきながらしっかりと聞き、よいところを取り入れながら、もう一度自分の意見を考え直し、深めていくことができました。

全般 友だちの意見を聞いて取り入れることが苦手だった

△ よく考え、学習内容も理解しています。ただ、友だちの意見を聞いたり、そこから新しい考えを取り入れたりすることが苦手なようです。友だちの意見に触れることのよさを実感できるよう支援しています。

全般 友だちの意見を受け入れ、対話を楽しんでいた

○ 自分の考えが一番と思っていた○○さん。みんなの考えを聞くことで、「自分が思いつかなかった考えをしている人がいてすごいと思った」と振り返っていました。これをきっかけに意欲的に対話を楽しんでいました。

2 | 思考・判断・表現

算数 「なるほど」と思う考えを試していた

○ たくさんの種を数える学習では、5のまとまりを作って数えていました。友だちに10のまとまりが便利だと聞き、とても数えやすいことがわかりました。「なるほど」と思ったら、すぐに試してみる姿に感心しました。

生活 友だちとの対話の後、再度自分の気づきを見直していた

○ いつも自分の気づきをしっかりともち、友だちと考えや根拠を伝え合った後に、自分の気づきをもう一度見直していました。また同時に、自分自身や友だちの気づきのよさ、成長を振り返ることができていました。

音楽 友だちとの対話を通して歌う曲を考えていた

○ 「老人ホームで歌おう」の学習では、最初はお年寄りが聴きやすい歌がいいと思っていましたが、友だちの「テンポの速い曲だと元気が出る」「知っている曲なら一緒に歌える」などの意見を聞き、考えが広がりました。

体育 自分では思いつかなかった友だちの意見に刺激を受けていた

○ 「しっぽとりゲーム」では、チームで作戦を考えるとき、鬼と鬼の間を逃げる作戦を提案した後、友だちの「おびきよせ作戦」や「おとり作戦」などを聞き、「思いつかなった」とわくわくした様子で楽しんでいました。

体育 友だちのダンスから学び、改善していた

○ 創作ダンスの時間には、友だちのダンスを見て、気づいたことやよい動きについてお互いに伝え合うことを通して、自分の表現の仕方をよりよいものへと改善させることができていました。

第2章 学びの姿（学力面）の所見文例　71

❼ 自分の考えとの共通点や相違点に気づくことができていた子

POINT 低学年では、友だちとの対話を通じて、自分の考えを説明したり、様々な考えを出し合ったりすることで、共通点や類似点、相違点を見つけ、次第に自分や友だちの考えのよさに気づいていきます。発言などから、これらの様子を見取ります。

全般 意見をよく聞いて自分の意見と同じところを見つけていた

○ 友だちの意見をよく聞き、自分の考え方と同じところがあると、とてもうれしそうに「同じです！」と大きな声で発言していました。しっかりと相手の意見を聞いて判断できている証拠です。

全般 自分の考えが正しいと主張することがあった

△ 自分の考えと友だちの考えを比べたとき、「自分の考えが正しい」と主張することがあります。どちらが正しいのではなく、どこが同じでどこが違うのかを見つけ、そこから考えを広げてほしいと思います。

国語 友だちの考えのよさに気づいていた

○ 説明文の学習では、ペア学習で、友だちの意見を聞いて、「ということは、同じ赤ちゃんでも、大きくなる速さが全然違うということだ」と自分にはなかった友だちの考えのよさに気づきました。

算数 考え方は同じだが、よりよい方法に気づいていた

○ 4 + 7の学習では、○○さんは7を6と1に分けて計算していました。友だちは、4を1と3に分けていて、「どちらも10のまとまりを作って残りを足しているけど、分ける数が小さいほうがいい」と気づきました。

2 | 思考・判断・表現

算数　自分と違うところを明確にしていた

○「長さのときは、鉛筆の何本分などで比べることができたという理由は同じです。違うところは、広さのときも、ある広さの紙の何枚分かを考えれば比べることができると思うところです」と比較していました。

生活　学校探検の新聞を見比べ、違いを見つけていた

○学校探検の新聞を作ったとき、みんなの新聞を見比べて、自分の新聞との違いを見つけては「ここがすごいと思う」と相手に伝えていました。そして、それを参考にして、よりよい新聞作りに励んでいました。

音楽　友だちの意見との類似点をまとめていた

○鑑賞の授業で、曲を聴いたイメージについて、○○さんは「馬が走っているみたい」と発言しました。友だちの「犬が走っているみたい」という意見に、「弾んだ、楽しい感じということは同じだ」とまとめていました。

図画工作　友だちの作品と比較して、さらに自分の作品をよくした

○図工の時間に、単元途中で友だちの作品を見て「よいところ探し」をしました。自分の作品と比べて似ているところや違うところを的確に見つけ、そこからさらに自分の作品をよりよくしていくことができました。

体育　自分とは違う考えを受け入れ、実践していた

○短距離走でより速く走るためにどうすればいいかを考え発表したとき、「手を速く振ると速くなる」という友だちの意見を聞き、自分とは違う考え方でしたが、すぐに取り入れ「やってみよう」と試していました。

第2章　学びの姿（学力面）の所見文例　73

❽ 学び合いを通して、多様な意見をつなげて考えられる子

POINT 自分の考えだけではなく、他の人の考え方を聞き入れるなど、多様な意見を出し合うことで、たくさんの考えと出合い、それらをつなげて考えを深めたり、広めたりしている様子をノートや発言から見取り、具体的に記述します。

全般 友だちの意見をもとにして発言していた

〇 授業中「〇〇さんと同じです」や「付け足しです」などと言って自分の意見をつなげていました。友だちの意見をよく聞き、それをもとに考えを広げていくことができています。

全般 自分の意見で完結してしまっていた

△ どんな教科においても、理由がしっかりとした意見を考えることができる〇〇さん。友だちの意見もよく聞いているので、来学期は自分の意見と出てきた意見を比べてみると、もっと考えが深まるかもしれません。

国語 出てきた意見から方向性を示していた

〇 音読発表会の練習で、「主人公はきっと〇〇な気持ちだから、こんなふうに読んだほうがいいのでは」という意見が続いたとき、「もう一度本文に戻るとこんな気持ちだと思う」と方向性を示す発言をしていました。

国語 みんなの意見をまとめて物語を作り上げた

〇 班で話し合って一つのお話を作る活動では、登場人物や物語の場面を決めるときに自分が知っている物語を参考にするだけでなく、みんなの意見を聞き、まとめながら想像を膨らませ、とても面白い物語を完成させました。

2 | 思考・判断・表現

算数 友だちの意見から自分の考え方を発展させていた

○ 「図をつかって考えよう」では、お話の通りに図に表すことや、「図の中で数がわからない□の場所が変わっている」という友だちの気づきから、全体と部分に注目すると、たし算かひき算かわかるのではと考えました。

生活 みんなの意見をまとめていた

○ 「おもちゃ作り」では、もっと早く走らせるためにどうしたらいいか、材料、作り方、動かし方の視点から出てきた意見をつないで、「ということは、○○に変えたらいいのでは？」と意見をまとめることができました。

音楽 それぞれの意見を試そうとしていた

○ 子犬の様子を思い浮かべながら曲を聴きました。「最後はワンワンと泣いている感じ」「ゆっくりなところはのんびり寝ている気がする」といろいろな意見が出たので、「その気持ちで歌ってみよう」と提案しました。

図画工作 様々な感じ方に触れていた

○ 「鑑賞カード遊び」では「かっこいい」に合うアートカードを選びました。グループの友だちと、それぞれ違うカードを選んだ理由を互いに述べ合うと、「いろんな感じ方があっていいと思う」とまとめていました。

体育 みんなの意見をとり入れて作戦を考えていた

○ ボール投げゲームでは、ゲームを振り返って作戦を考えるとき、「ボールに集まってしまう」「チームでひっついている」という意見を聞き、「だったら、ボールをもっていない人の動きを考えよう」と提案しました。

第2章 学びの姿（学力面）の所見文例 75

❾ 物事を多面的に捉えることができていた子

POINT 低学年期はまだまだ主観的に物事を見る傾向があります。一つの考え方や意見、資料などから物事を判断するのではなく、様々なものを取り入れ、多面的に物事を捉えることができた様子を記述します。

全般 他の考えがないか、自ら知ろうとしていた

○ どの教科においても、自分の考えをもった後、他にないかと時間がなくなるまで考えたり、友だちとの学び合いを楽しみにして、友だちの考え方を知ろうとする姿は立派です。いつも感心して見ています。

国語 登場人物の気持ちを考えて音読した

○ 「お手紙」では、がまくんとかえるくん、かたつむりくんの気持ちをそれぞれの立場から多面的に考えて読むことができました。それを生かして気持ちを込めた音読は、みんなからもとてもうまいと拍手をもらいました。

国語 相手が聞きたい話などを考えて発表していた

○ 夏休みの思い出発表では、自分が話したいことだけではなく、聞く人が聞きたいことや面白いと思うことなど多面的に考えて原稿を作り、発表しました。みんなから「わかりやすかった」と言われて、喜んでいました。

算数 数の表をいろいろな視点で見て考えることができた

○ 表を使って数の並び方を学んだときには「縦に見ると」や「横に見ると」「斜めでは」などいろいろな見方で考えようとすることができました。そしてたくさんのきまりを見つけ、発表できました。

2 | 思考・判断・表現

算数 **一つの解き方を固持してしまっていた**

△ 一つの解き方を思いつくと、他の解き方を考えることがあまりないようです。意欲をもって問題を捉え、いろいろな方法で考えようとすれば、見方や考え方が広まると思います。来学期に期待しています。

生活 **きゅうりの生育に必要なことを多面的に考えた**

○ 「やさいづくり」ではきゅうりを育てました。育てるときに必要なことを「くま手チャート」にまとめ、日光や水、肥料など、いろいろな大事なことを整理していたので、大きく育てることができました。

生活 **1年生の気持ちになって学校案内を考えた**

○ 1年生の気持ちになって学校案内の場所を考えることができました。遊びたいところ、よく使うところ、すごいところなど、いろんな視点から案内を考え、当日とてもわかりやすく案内することができました。

生活 **昔の暮らしと今の暮らしを比較していた**

○ 生活科の時間に地元のお年寄りから昔の話を聞いたとき、今の生活とあまりにも違いが大きく、びっくりしていました。また、昔の人がした工夫について、すばらしいことがあると認めることができていました。

体育 **それぞれの立場を考えたルール作りに取り組んでいた**

○ 「ボール遊び」を行うとき、得意な子、苦手な子、嫌いな子などのそれぞれの立場を考えてルールを作り直していました。「体育が好きになってきた」という友だちの言葉に、自信をもったことと思います。

第2章　学びの姿（学力面）の所見文例　**77**

⑩ 学習したことを自分の生活と関連付けて考えていた子

POINT　「思考力・判断力・表現力」は各教科等の知識及び技能を活用して課題を解決するためにとても重要な力です。学習したことを、生活の経験等と共通点や違いを見いだして結びつける様子を記述します。

国語　学校で習ったことをスピーチにした

○　説明文の教材で考えを述べた後に、その理由を書くよさを学習しました。30秒スピーチでは「今日は半袖のシャツにしました。天気予報で晴れて蒸し暑くなると言っていたからです」とわかりやすく伝えていました。

国語　学習した文章の書き方を生かして日記を書いた

○　国語の時間に、文章を書くときには「はじめ・なか・おわり」を意識して書くとよいことを習ったので、家で日記を書くときにも気をつけて書いてみようと意欲をもちました。とてもわかりやすい日記になっています。

算数　自分の生活の中での時間を意識して予定を立てた

○　学校で時計のことを習ったとき、家で朝起きてから学校に行くまでの時間を考え、「何分間で着替える」や「朝ごはんは何分間で食べないといけない」など自分の生活の予定を立てることができました。

算数　方向や位置の表し方を使って説明できた

○　ロッカーの場所を伝えるとき、いちいち番号順に数えるのではなく、算数で習った「どこから何番目」の言い方で「右から3番目の上から2番目」といった説明で、わかりやすく伝えることができました。

2 | 思考・判断・表現

算数 長さの学習を生かして、ドッジボールコートを描いていた

○ 長さの学習では「○○のいくつ分」ではかることを学びました。そのとき、休み時間にドッジボールコートを描くときも、歩幅の何歩分かをはかれば、大体同じ広さのコートにできると考えることができました。

生活 学習を通じて、自信をつけて意欲的になった

○ 「自分のよいところ探し」の学習では、自分自身を改めて見つめたり、おうちの人から成長の様子を聞いたりして、自信をもつことができました。そして、何事にも意欲的に取り組むことができるようになりました。

生活 学校の物を大切に扱えなかった

△ 公共施設の学習を通して「みんなの物はみんなで大切にする」と学びましたが、学校の物を雑に扱うことがあり、自身の行動と結びついていないようです。学習したことを常に実践できるよう引き続き指導していきます。

図画工作 技法をプレゼントに生かしていた

○ 図工で学習した吹き流しとスパッタリングという技法を身に付けた○○さん。友だちのお誕生日会で渡すカード作りに生かせると考えました。友だちはとても喜んで、学校にもってきて先生にも見せてくれました。

体育 身に付けた動きを休み時間の遊びに生かしていた

○ 「しっぽとりゲーム」で、逃げるときの動き方を身に付けました。これは「みんな遊び」の鬼ごっこでも使えると思った○○さんは、その日の昼休みにさっそく試していました。鬼にならなかったことに大満足でしたね。

第 2 章　学びの姿（学力面）の所見文例　79

⓫ 多様な情報を比べて分析し、きまりや法則性等を考えることができていた子

POINT 低学年の児童は、きまりや法則を見つけることが大好きです。また様々な情報から帰納的に考える力を身に付けておくことは、中・高学年の基盤にもなります。楽しんで考えている具体的な姿を大いに認め、意欲を高めましょう。

全般　自分なりのきまりや法則を見つけることが苦手だった

△ 一つ一つの考えについて十分理解していますが、それらの意見をまとめると、どんなことが言えるかを見つけることは難しいようです。「同じ理由でも違う考えになっていないか」などを考える視点をもてるといいですね。

国語　説明文の構成に気づいた

○ 国語の説明文の学習では、いろいろな説明文を読んでいるうちに、「筆者の一番言いたいことが先にきたり後にきたりするけど、必ずその理由をどこかで述べている」ということに気づきました。

算数　かけ算九九できまりを見つけていた

○ かけ算九九の学習では、9の段を習ったときに、その答えの1の位が9から順番に1ずつ小さくなっていくきまりを見つけました。さらに10の位は1ずつ増えていくことも見つけて、発表しました。

算数　10のまとまりを意識して計算のきまりを考えた

○ 算数の計算では、10のまとまりを意識して解くとわかりやすいということを「計算のきまり」としてまとめ、素早く正確に計算できていました。また、計算が得意でない友だちにも教えていました。

2 | 思考・判断・表現

算数 計算の法則を理解できなかった

△

算数の「工夫して計算する学習」では、引く数を順番に引いても、先に引く数をまとめてから引いても同じことがわからず、苦労していました。買い物を例にして説明すると、理解することができました。

生活 人と植物の成長の共通性を見つけていた

○

名前を付けて、心を込めてアサガオを育てていた○○さん。「自分とアサガオに共通していることは、誰かに大切にしてもらうからこそ、大きくなっていけること」と実感していました。

生活 通学路調べできまりを見つけることができた

○

自分の家から学校までの通学路調べをしたとき、信号機の変わるタイミングのきまりを見つけ、だいたいどのくらいの速さで歩けば信号に引っかからずに歩けるかという研究をして、みんなに発表しました。

音楽 歌と合奏の表現の大切なところを見つけていた

○

「歌も合奏も、どんな様子や感情などを表すのかによって、表現方法が違うところは同じだ」と振り返っていました。「大事なのはうまさではない」と気づき、今までの練習方法を変えた○○さんは立派です。

体育 いろいろな人を観察して共通点を考えていた

○

「走の運動遊び」の学習では、自分も速く走れるようになりたいと願い、速い人の走り方をずっと観察していました。手を振っていること、前傾姿勢で走っていることなどの共通点を見つけて練習し、成果が表れました。

第2章　学びの姿（学力面）の所見文例　81

⑫ 学習課題に応じたまとめを考え、自分の言葉で表現していた子

POINT 学習課題を意識して自ら解決してきた子どもは、まとめを自分の言葉で表現します。低学年では、書き出しやキーワードを提示することから始め、ノートにまとめたり発表したりしていた様子を書きます。

全般 めあてを確認し、まとめていた

○ 全体交流が終わると、いつも「今日のめあては何だったかな」と確認して、めあてに対応したまとめを自分で考えようとしています。はじめは書き出しを示しましたが、今では自分の言葉でまとめることができます。

全般 まとめを自分で考えず、友だちに頼っていた

△ まとめの際、友だちの発言や板書を待つことがありました。○○さん自身が課題を解決することが大切です。（　　）の穴埋めやキーワードを示す方法により、自分でまとめることができるようになってきました。

国語 気持ちを読み取り、手紙にまとめることができた

○ 「お手紙」の学習では、がまくんへのお手紙を書こうという学習課題に対して、がまくんの気持ちを読み取ったことを生かし、「自分もがまくんのお友だちになりたい」という思いを込めてまとめていました。

算数 九九のきまりを見つけてまとめた

○ 算数のかけ算の学習では、「九九を忘れたときはどうすればいいか」というめあてに沿って考えました。全体交流後のまとめでは、「かけ算のきまりを使えば求められる」と発言して、「かけ算はかせ」と呼ばれました。

2 | 思考・判断・表現

生活　学校探検のめあてに対応してまとめていた

○　「学校の秘密を探ろう」というめあてについて、１年生と学校探検を行いました。戦争の傷跡があったり、昔の学校についてわかるメモリアルルームがあったりと、いくつも秘密を見つける姿に感心しました。

生活　家族の役割をまとめ、その大切さを学んだ

○　家族調べの学習では、家族一人一人の仕事や家庭での役割をまとめました。自分自身ができることややるべきことを書き出し、家族はお互いに支え合っていること、自分も家族の大事な一員であることを発表しました。

音楽　歌い方の工夫についてまとめていた

○　「かくれんぼ」はどのような工夫をして歌えばよいかというめあてについて、考えながら歌いました。「最初は一人で小さく、途中から大勢で大きく歌い、歌う強さを変えるといい」とまとめていました。

図画工作　作品の工夫を時間をかけてまとめていた

△　「友だちの作品は、どのような工夫をしているのか」というめあてについて考えました。時間はかかりましたが、どの友だちも自分の気持ちに合わせた技法を使っていることをまとめ、次の作品に生かそうと考えました。

体育　自分なりの工夫をまとめていた

○　鉄棒遊びでは、「どんな工夫をすればこうもりになれるか」という学習課題にもとづいて練習を重ねました。○○さんは、「怖がらずに手を伸ばしてぶらぶらすること」だと発言していました。

第２章　学びの姿（学力面）の所見文例　83

主体的に学習に取り組む態度

 自分で学習課題（めあて）を設定できていた子

> **POINT**
> 低学年であっても、「今日のめあてはこれです」と提示されるとそれだけで受け身になります。（　）の穴埋めなど、工夫して子ども自らが自分事として課題を「つかむ」ことが大切です。その様子を見取りましょう。

全般　いろいろなことに興味をもって取り組んだ

○　「なぜ？」「どうして？」など、常にいろいろな疑問をもって学習しています。その力を発揮して、「今日のめあては、○○だと思います」と、どの教科においても一番にめあてを考えることができます。

全般　自分でめあてが設定できなかった

△　しなければならないことや指示されたことは、丁寧に最後までやりとげることができますが、めあてを考えることは難しいようです。ペアで一緒に考えるなど工夫すると、次第に自分でめあてを考える回数が増えました。

国語　文字を丁寧に書けるようになった

○　ひらがなの書き方を学習しました。形をとるのが難しかったようですが、「読みやすい文字を書く」というめあてをもって、マスの中のどこから始めてどこを通って書くかを常に意識して取り組むことができました。

3 | 主体的に学習に取り組む態度

算数 ## 既習事項との違いからめあてを設定できた

○ 18 + 15 という繰り上がりの問題で、これまで学習したこととの違いに気づき、「2桁同士のたし算の計算はどうすればよいか」という学習のめあてを発表することができました。

生活 ## 学年のめあてを設定できた

○ 2年生と一緒に行く「学校めぐりのめあて」をたずねられた○○さんは、「学校にはどんな秘密があるのか」と発言しました。それが学年のめあてとなり、とても満足げに学校を探検していた姿が印象的でした。

音楽 ## 自由に音を出して楽しんでいた

△ 鍵盤ハーモニカの学習では、息を吹きながら、ただいろいろな音を試すことを繰り返していました。「何に気をつけて練習すればいいか」というめあてをもつと、リズムや音程を意識して取り組めるようになりました。

図画工作 ## ロボット作る工夫をめあてに材料を集めた

○ どのように工夫すれば、自分の考えるロボットを作ることができるかというめあてを意識しながら、胴体や頭、手足になるような箱を事前に集めて意欲的に取り組み、アイデアあふれるロボットを完成させました。

体育 ## いろいろ試しながらめあてをつかんだ

○ マット遊びでは、まずいろいろな転がり方を試してみて、手でしっかり支えると回りやすいことに気づきました。両手をしっかりついて回ることを自分の課題にしてマット遊びに取り組み、気持ちよく転がっていました。

第2章　学びの姿（学力面）の所見文例　**85**

❷ 見通しをもって進め、学習方略を見直そうとしていた子

POINT 低学年においても、見通しをもって課題解決に向かうことが大切です。学習が進むにつれ、うまくできなかったり、もっとよい方法が見つかったりする場面で、柔軟に方略を見直そうとしている姿を見取り、記述します。

全般　新しい方法やよりよい方法を提案した

○ どの教科の学習でも、思ったことや考えたことをしっかり発表しています。また、友だちの考えや意見から、新しいやり方やよりよい方法を考え、提案できる力はすばらしく、学級の学習をリードしています。

全般　自分のやり方にこだわりすぎていた

△ 授業では自分の考えを深めることができているようです。ただ、最初に決めた自分のやり方にこだわりすぎて、思うように学習が進まないことがあります。うまくできなかったときには、やり方を変えてみましょう。

国語　グループで話し合い音読の工夫をした

○ 「スイミー」の学習で音読発表会をしました。グループで練習を重ねているうちに、一人で読むだけでなく、複数で読んだり効果音を入れたりするなどより楽しくなる工夫をし、発表することができました。

算数　以前に学習したことを生かして考えた

○ 「なんばんめ」の学習で、「前から○番目、後ろに○人」などを考えるときに図を描こうとしましたが、うまく描けず、電子黒板で動画を見てもう一度図に表し、式を作ることができました。

3 | 主体的に学習に取り組む態度

生活　実際に見学をしてみたら、もっと知りたくなった

○ 「まちたんけん」では、何を見学するのかを考え、ケーキ屋さんに行きました。ケーキ屋さんでは、見学してみて新たに疑問に思ったことを、予定になくてもお店の人にインタビューをして、深めることができました。

生活　よりわかりやすい表現の方法を考えた

○ 「まちたんけん」で見つけたことをペープサートで発表しようと準備を進めていましたが、自分たちが伝えたいことを伝えるには、寸劇にしたほうがわかりやすいのではないかと話し合い、変更していました。

音楽　なぜ間違うのか考え、練習の仕方を工夫した

○ 音楽発表会に向けて、立った姿勢で行う鍵盤ハーモニカの練習では、おし間違えることがありました。吹き口を長いものに替え、鍵盤が見えるようにもち方を工夫して練習し、鍵盤を見ずに演奏できるようになりました。

図画工作　作業しながら方法を考えた

○ 新聞紙を使って造形遊びを楽しみました。最初は、くしゃくしゃにして音や感触を楽しんでいましたが、新聞紙で衣装を作ることを思いつき、服や帽子、身に着ける飾りなどを工夫して作ることができました。

体育　上手にできる友だちから練習方法を学んだ

○ 跳び箱遊びの学習で、跳び箱を跳び越そうと何度も挑戦しました。このままではうまくできるようにならないと気がつき、上手に跳び越せている友だちをよく見たりコツを聞いたりして、跳び越せるようになりました。

第2章　学びの姿（学力面）の所見文例　87

❸ 学習課題（めあて）に向かって解決しようとしていた子

POINT 低学年でも、学習課題を子どもと一緒に考えて自分事になると、教師のヒントや友だちとの交流を通して、自分なりの考えをもち、児童自らが意欲的に解決しようとします。その姿を具体的に記述します。

全般 めあてをしっかりと意識して意欲的に取り組んでいた

○ どの教科の学習においても、めあてを意識して取り組んでいます。めあてについて、自分なりの考えをもち、ペアでの話し合いでは、相手の意見を受け止めながら、意欲的に解決しようとしています。

全般 めあてについて、自分なりの考えをもとうとしていた

○ 知りたいこと、不思議に思ったことなどを発表し、積極的にめあて作りに関わっています。めあての解決に向けて取り組むときは、いつも「自分で考えるから、言わないで」と言って自分の考えをもとうとしています。

全般 周りのことが気になって集中できなかった

△ 示された問題や写真などに興味をもち、気づいたことをよく発表しています。ただ、集中できずに課題を意識して学習に向き合えない場面があります。課題意識を持続させ、自分で解決できるよう指導していきます。

国語 繰り返し教科書を読み、課題を考えていた

○ 「ビーバーの大工事」の学習で、ビーバーの巣作りに興味をもち、「どんな秘密があるか」というめあてを明確にして、何度も教科書を読み返し、たくさんの秘密を見つけることができました。

3 | 主体的に学習に取り組む態度

算数 めあてを明確にもつことで技能が身に付いた

○ 時計の学習で、「時間を正確に読む」というめあてをもって取り組みました。長針が1を指すと5分という読み方の理解が難しく苦労していましたが、繰り返し練習することで少しずつ読めるようになりました。

生活 「見つけたよカード」を上手にまとめた

○ 「おうちの人の仕事調べ」では、「お母さんはどんな仕事をしているのか」をめあてにインタビューしました。真剣にメモをしながら「見つけたよカード」にまとめて感想を発表し、友だちから称賛されていました。

音楽 めあてをもって練習に励んでいた

○ 「歌ってなかよし」では、「どうすればもっと楽しく歌えるか」というめあてをもって練習に励みました。リズムに乗って体を動かしたり、笑顔で歌ったりして、たくさんの友だちと一緒に歌うことが楽しくなりました。

図画工作 丁寧に作品を仕上げた

○ 「色彩に気をつけた作品にしたい」という課題をもち、一筆一筆、丁寧に着色し、作品を完成させることができました。できあがった色鮮やかな作品は学級の友だちから称賛されました。

体育 めあてを考えながら練習に取り組んだ

○ 「のぼり棒は何に気をつければ登れるようになるか」というめあてをもち、上手な友だちの様子を見たり、登り方のコツを調べたりしながら取り組みました。休み時間も練習し、見事に登りきることができました。

第2章　学びの姿（学力面）の所見文例　89

④ 自分事として学習に主体的に取り組んでいた子

POINT 低学年でも、めあてが自分の問いとなっていると、自分事として解決に向かいます。学習が進むにつれて、粘り強く取り組んだり、行きつ戻りつして悩んだりしながら取り組んでいる姿を見取り、具体的に記述します。

全般 ○ 自分の経験や知っていることとつなげて考えた

どの授業でもめあてを明確にして取り組みます。学習内容について、常に自分の経験や知識をつなげて考えようとする姿はすばらしいです。あれこれ粘り強く悩みながら、解決に向かって成果を上げています。

全般 △ いろいろな方法で取り組もうとしなかった

提示された問題をすぐに解いてしまうなど、理解力にすぐれています。別のやり方も考えようと言っても取り組もうとしないことが残念です。めあてを明確にもち、自分から粘り強く解決に向かえるといいですね。

全般 △ 粘り強く取り組むことができなかった

いろいろな物事に関心が高く、よく発表もします。学習課題を自分で考える際に、深く考えずに解決しようとすることがあります。ゆっくり順序立てて考えていくことを大切にしてほしいと思います。

国語 ○ 繰り返し練習に取り組んだ

「お手紙」の学習では、自分が転校した友だちに手紙を出したこととつなげて考え、手紙が来るのを待つがまくんの気持ちを音読で表すことができました。どう読むといいか、何度も何度も繰り返し練習していました。

3 | 主体的に学習に取り組む態度

算数 学習内容を日常生活につなげて考えている

○ 「かさ」の学習では、毎朝自分で牛乳を取り分けていることとつなげて、はかったり分けたりする活動を何度も繰り返し、ミリリットルやデシリットルなど、かさの単位を理解することができました。

生活 将来の夢と重ねて粘り強く学習に取り組んでいた

○ 自分の将来の夢である「パン屋さんになること」とつなげて、「まちたんけん」の学習では、パン屋さんで働く人の様子をよく観察したりインタビューしたりして、パン屋さんの苦労や喜びを粘り強く調べました。

音楽 何度も練習を重ねた

○ 音楽会でオルガンを担当することになりました。最初はなかなかうまくできなかったようですが、練習方法を工夫しながら何度も練習を重ねました。友だちからも認められ、音楽会本番では、見事な演奏ができました。

図画工作 心を込めて妹へのプレゼントを作った

○ 家族へのプレゼント作りでは、妹の喜ぶ姿を想像して、何度も下書きをし、妹の好きなクマさんの絵を描いて丁寧に色をつけていました。できた作品にリボンをつけるなど、さらに工夫してプレゼントに仕上げました。

体育 粘り強く練習に励んだ

○ 水遊びの学習で、どうしたら浮くのか、自分のおへそを見るなど工夫しながら粘り強く練習に励みました。今ではもぐるなど、自由に水の中での活動を楽しんでいます。次は、泳げるようになりたいと意欲的です。

第2章　学びの姿（学力面）の所見文例　91

❺ 試行錯誤しながら学習方法を自己調整して取り組んでいた子

POINT 低学年の児童の特性は、課題解決に向け、活動を通して悩み、工夫しながらやり方を見つけ出していくところにあります。単に同じ活動を繰り返しているのではなく、繰り返す中での方法の変化の様子を見取り、記述します。

全般 いろいろな方法を試してやりとげた

○ 自分でやろうと思ったことをすぐに実行し、どの学習にも積極的に取り組んでいます。やり始めて途中でうまくいかないことがわかると別の方法を考えるなど、様々なやり方を試しながら最後までやりとげています。

全般 課題の解決に向けて、やり方を工夫しながら行動した

○ 「自分なりの答えを見つけたい」「自分の力でやりとげたい」という気持ちが強く、次々に思いついた方法でチャレンジしています。闇雲に行動するのではなく、少しずつやり方を調整しながら取り組んでいます。

全般 他の方法を試そうとしなかった

△ しっかり見通しを立てて、学習に熱心に取り組んでいます。一つの考えで満足してしまうのか、他にもっと簡単な方法があっても試そうとしないときがあります。取り組みながら、よりよい方法を探り、解決しましょう。

国語 紙芝居の作り方を工夫して短時間で仕上げた

○ 「紙芝居を作ろう」の学習で、みんなで1ページずつお話を作りながら進めていましたが、そのやり方では時間がかかり、難しいことに気づき、最初にお話を考えて、場面を決めて分担して作っていくことにしました。

3 | 主体的に学習に取り組む態度

算数 測定する物に応じた器具を選ぶことができた

○ 身の周りのいろいろな物の長さをはかる学習をしました。最初は30cmものさしを使っていましたが、うまくはかれないことから、はかるものの長さに合わせて巻き尺などを使い分けてはかるといいことに気づきました。

生活 試行錯誤しながら繰り返し作成した

○ 「うごくおもちゃ」の学習でゴムの力で動くおもちゃを作りました。教科書に書かれたものだけでなく、図書館から図鑑を借りて何度も試行錯誤しながら繰り返し作り、次第に遠くまで動く距離が伸びていきました。

音楽 工夫しながら音作りを楽しんだ

○ タンバリンを使って音作りの学習をしました。はじめは音を出すことだけを楽しんでいましたが、次第に叩き方や場所を工夫したり、違った音の出し方を見つけたりして、音の違いやリズムを楽しむことができました。

図画工作 失敗から学び工夫した

○ ひも状に伸ばした粘土で立体を作る学習をしました。粘土を何度も試行錯誤しながら重ねて形を作っているうちに、粘土を太いひもや細いひもにすることを思いつき、工夫された作品を作ることができました。

体育 何度も試しながら練習を繰り返した

○ 跳び箱を使った運動では、自分でめあてを立て、いろいろな向きや高さの跳び箱で試しながら、うまく跳べる跳び箱を見つけ、練習を繰り返すことで、できるようになりました。

第2章　学びの姿（学力面）の所見文例　93

❻ 最後まであきらめずに取り組み、十分に学習成果を上げていた子

POINT　「がんばった」と自身の行動の傾向を肯定するだけで終わってしまうことがあります。低学年ではその結果「わかった」「できた」と実感できるまで取り組むことが何より大切な時期です。あきらめずにできるようになっていく姿を見取ります。

全般　コツコツと努力して成果を上げた

○　授業中は手を挙げて発言することは少ないものの、しなければならないことは粘り強くしっかりと取り組み、着実に力となって成果を上げています。これも○○さんの最後までコツコツと努力する力の賜物です。

全般　あきらめが早く、正解の発表を待っていた

△　学習内容の理解はとても早いです。しかし、わからないことがあると考えるのをやめてしまい、正解の発表を待つことがあります。あきらめずに最後まで自分で考えるようになると、より学習成果が上がると思います。

国語　集中して取り組んで、点数に表れた

○　漢字の学習では、文字の形、筆順に気をつけて練習し、時間がきても終わるまで言葉集めに集中していました。日々の漢字の書き取りはほぼ完璧にできており、作文やノートも漢字を使い、読みやすい字で書いています。

算数　苦手を克服してやりとげた

○　かけ算のやり方については、しっかり理解できましたが、暗唱では苦労しました。九九カードをいつも手元に置いて、休み時間に友だちに聞いてもらうなど、一生懸命に練習し苦手を克服して見事に合格しました。

3 | 主体的に学習に取り組む態度

生活 | ## あきらめずに取り組み、成果が見られた

○ 「もうすぐ２年生」の学習で、最初は「１年間でできるようになったことはない」と進みませんでしたが、おうちの人や友だちに聞き、素敵な絵本にまとめることができました。あきらめずに取り組んだ成果です。

生活 | ## 一生懸命工夫したことで、一番人気のお店になった

○ 「おもちゃランド」の学習では、招待する１年生に楽しんでもらうため、何度もおもちゃの試作をしました。作り方の図を何度も書き直したり、説明の仕方を工夫したりして、本番では一番人気のあるお店になりました。

音楽 | ## 休み時間も一生懸命に練習し、やりとげた

○ 音楽会では、苦手としている鍵盤ハーモニカに取り組みました。音楽の時間だけでなく、休み時間や家でも一生懸命に練習したようで、間違えずに吹けるようになり、本番では堂々と演奏することができました。

図画工作 | ## 納得できるまでやり直して仕上げた

○ いろいろな形の箱を組み合わせて立体を作る学習では、想像した通りの形になるように、何度も何度も組み合わせ方を変えながら試して取り組んだ結果、友だちも感心するような立体を仕上げることができました。

体育 | ## 試行しながら練習に励み、記録を更新した

○ 校内マラソン大会に向け、体育の時間だけでなく、朝、昼など時間を見つけて、どのくらいのペースがいいのか試しながら、せっせと練習に励みました。本番では、自己の記録を大きく上回る結果でした。

第２章　学びの姿（学力面）の所見文例　**95**

❼ 苦手なことにも目標をもって挑戦していた子

POINT 低学年の児童も、苦手なことほどできたときの喜びは大きいものです。低学年の子どもらしく、ただがむしゃらに挑戦するだけではなく、目標を定めて取り組んでいる姿を具体的に記述するようにしましょう。

全般 目標をもって苦手なことに努力を重ねていた

○ 得意な学習には、進んで取り組み成果を上げていますが、文字が丁寧ではないことに悩んでいました。2学期はいつでも読みやすい字を書きたいという目標を立て、ゆっくり書くことに人一倍努力を重ねていました。

全般 目標をもたずに取り組み、成果が出なかった

△ どの教科の学習にも真面目に取り組んでいます。苦手なことにも挑戦しますが、めあてをもたずに、ただ一生懸命に取り組むのでなかなか成果が表れません。具体的な目標をもって行動できるといいですね。

国語 目標をもって繰り返し練習した

○ 漢字がなかなか覚えられませんでしたが、漢字の書き取りで満点をめざすという目標を立てて、覚えにくい字を繰り返し練習し続けました。少しずつ成果が見られ、学期末には、満点をとれることが多くなりました。

国語 目標をもって練習し、スラスラ読めるようになった

○ 音読では、棒読みになってしまうことに悩んでいました。「お手紙」の学習では、がまくんの気持ちを伝えられるように読むという目標をもって練習し、最後の発表会では心を込めてスラスラと読むことができました。

3 | 主体的に学習に取り組む態度

算数 何度も試してできるようになった

○ 長さの学習では、30cmものさしの読み方がわからず、位置を合わせることも難しかったようですが、家でもいろいろな物の長さををはかり、はかり方のコツをつかめたようで、見事に克服しました。

生活 苦手なことを克服した

○ 「生き物となかよし」の学習で校庭で虫探しをしました。虫は苦手でしたが、虫と仲良くなりたいという目標をもち、観察したり、飼い方を調べたりすることを繰り返すうちに、自分から世話をする姿が見られました。

音楽 繰り返し練習し克服した

○ 鍵盤ハーモニカでは、音は出せるものの、曲を演奏することに最初は苦労していました。「かっこう」の曲では、息の出し方、鍵盤のおさえ方、リズムの取り方の習得をめあてに繰り返し練習し、見事に演奏できました。

図画工作 イメージを膨らませることが苦手だった

○ 粘土で想像した動物を作りました。手本があると作れますが、イメージを膨らませて創作することは苦手なようです。図鑑を見て、異なる動物の顔や体を組み合わせることを思いつき、作品を仕上げることができました。

体育 少しずつ水に慣れてきた

○ 「水に顔をつける」というめあてをもって、水遊びの学習に取り組みました。徐々に水に慣れ、水中を歩いたり走ったりすることができるようになり、顔に水がかかっても平気になってきました。

第2章　学びの姿（学力面）の所見文例　97

❽ 友だちがわかるまで粘り強く考えを説明していた子

POINT

低学年の子どもは、一方的に自分の意見を言って満足する傾向があります。「ここまでわかった？」と伝わったかどうか確認しながら話をするなど、一生懸命考えた自分の考えを最後まで説明している姿を見取ります。

全般 文章や図を見せながら説明した

○ どの教科においても、ペアやグループでの学習では、ノートに書いた文書や図などを見せながら、時には言葉を付け足したり言い換えたりしながら、友だちが理解できるように自分の考えを伝えています。

全般 理由や根拠を示しながら説明した

○ 授業中に学級で話し合う場面では、○○さんは「なぜ自分はそのように考えるのか」と必ず理由や根拠を示して話すので説得力があります。クラスの友だちも「なるほど」と納得する場面が多く見られます。

全般 考えが十分に伝わらなかった

△ 頭の回転が速く、いろいろなアイデアをもっていますが、自分の考えを発表する際、言葉が難しく十分に伝わらないままのこともあります。聞く人の側に立って話し方の工夫ができれば、もっと伝えられると思います。

国語 ノートに書いてあることを読まずに説明した

○ 「たんぽぽのひみつを見つけよう」の学習で、文章からひみつをたくさん見つけてまとめました。まとめたノートを見ずに、自分の言葉でグループの友だちに一生懸命説明するので、しっかりと伝わります。

3 | 主体的に学習に取り組む態度

算数 ## 図に描いて説明した

○ 物の順序を正しく数える学習では、「○番目」と数えるときと「前に○個」
と数える場合の違いについて、その考え方を図に描いて班の友だちに説明
していました。友だちからはよくわかったと感謝されていました。

生活 ## 作品を見せながら、わかりやすく発表した

○ 「秋見つけ」の学習で、近くの公園で見つけた落ち葉で作った作品を見せ
ながら、グループの友だちにもらったアドバイスを生かして、みんなの前
でわかりやすく発表することができました。

音楽 ## 友だちに楽譜の読み方を丁寧に教えてあげた

○ 楽譜を読みながら鍵盤ハーモニカの練習をしました。苦手な友だちに楽譜
のしくみと読み方、鍵盤との関係を丁寧に説明しました。そのおかげで、
友だちは自分で楽譜を読んで、演奏することができました。

図画工作 ## 自分の作品のお気に入りを伝えた

○ 身近な物を使って、お弁当を作りました。毛糸や紙切れをいろいろな食材
に見立てて、工夫して作品を仕上げました。作品を紹介し合う学習では、
自分の作品のお気に入りのポイントを精一杯伝えようとしていました。

体育 ## 実演しながら友だちに伝えた

○ ボール遊びでは、自分が習っている野球で覚えたボールを投げるときのコ
ツを、実際にやってみせながらみんなに説明しました。そのコツを実践し
た友だちは遠くまで投げられるようになりました。

第 2 章　学びの姿（学力面）の所見文例　99

❾ 対話を通して、自分の考えを広げたり深めたりしていた子

POINT 「対話的な学び」は、新学習指導要領の学びのキーワードの一つです。低学年の児童にとって大切な、自分の考えを伝え、相手の考えを聞くといった双方向の活動により、積極的に自分の考えを更新していく姿を記述します。

全般 友だちの意見も取り入れ、自分の考えを作った

○ 自分の意見を積極的に発言しています。友だちの考えや意見もしっかり聞き、最初の自分の考えにこだわり続けることなく、自分の考えに生かし、新しい考えを出すなど、クラスの話し合いをリードしています。

全般 自分の意見に自信があり、違う意見を取り入れられなかった

△ 自分のめあてをもって考えを深め、わかりやすく発表しています。自分の考えに自信をもつことは大切ですが、説得するのではなく、違う意見を取り入れることで、考えが深まり一層飛躍することができます。

国語 意見を比べて広げていった

○ 説明文の学習で、それぞれが読み取った内容を伝え合う学習をしました。友だちの見つけたことをしっかり聞いて、自分のものと比べて違いを見つけ、もっと他にないかと何度も説明文を読み返していました。

算数 話し合いでよりよい方法を見つけた

○ 「たし算のしかたを考えよう」の学習で、一人一人が考えた筆算の方法を説明しました。友だちの考えから、自分の考えと同じところや違うところを見つけ、より便利な計算の仕方を考えることができました。

3 | 主体的に学習に取り組む態度

生活　友だちの意見から自分の思いを新たにした

○ 「おおきくなったわたし」の学習で、自分の生い立ちを調べました。友だちとそれぞれの生い立ちを話し合う中で、一人一人が大切にされてきたことに気づき、「これからもっとがんばりたい」と決意しました。

生活　見つけたことをつなげ、関係を考えた

○ 「まちたんけん」の報告で、自分が見つけたものに加え、道標やお地蔵さん、看板など古くから伝わるものがたくさんあることを知り、まちの人たちが大切にしていこうとしているものに気づくことができました。

音楽　友だちの音をよく聞くようにした

○ 器楽の合奏をしました。最初は他の楽器とうまくリズムが合いませんでしたが、友だちと話し合い、試しながら練習し、相手の音をよく聞くことが大切だと気づき、音を合わせて演奏することができました。

図画工作　考えが多様であることに気づいた

○ 作品の工夫しているところを見つけ、伝え合う学習を行いました。同じ作品でも、みんながそれぞれ、いろいろな工夫をしていることを知り、自分ももっとたくさん見つけられるようになりたいと意欲をもちました。

体育　意見をまとめてチームの作戦を立てた

○ 体育で「陣取り合戦」をしました。はじめは、同じチームの中で各自が思い思いに動いていたため、うまくいきませんでしたが、○○さんが「作戦を立てよう」と言って考えを出し合い、チームの作戦をまとめました。

第2章　学びの姿（学力面）の所見文例　**101**

⑩ 学び合いのよさを実感し、主体的に他者と関わりながら課題を解決しようとしていた子

POINT 交流を通してお互いの考えを聞き合い、それを自分の考えに取り込んでいくことのよさを実感させることは大切です。その経験が、「また友だちの意見を聞きたい」という意欲を生み、さらに学び合います。そんな様子の具体的な姿を記述します。

全般 友だちの発表を興味をもって聞いた

○ どの教科においても課題に対して自分で考えた後、「友だちはどう考えたのだろう」と興味をもちながら考えを聞いています。「なるほど」と受け止めることが多く、自分の考えに取り入れる姿は立派です。

全般 話し合いで、自分から発信することができなかった

△ 話し合いで積極的に意見を言うほうではありませんが、友だちの考えをしっかり聞いて「そうか!」と思い、まとめに生かすことができます。今度は自分の意見を発信して、友だちにも伝えられるといいですね。

全般 自分の言いたいことを話し続けてしまった

△ たくさんのことを知っていて、発言できる○○さん。みんなに説明したいという気持ちが強く、話し続ける姿を見かけます。友だちの考え方も聞いて学ぶことを期待しています。

国語 話し合いを通して、理解を深めた

○ 「名前を見てちょうだい」の音読をする学習では、班で主人公の気持ちを表す読み方をいろいろ工夫しました。学習の振り返りで、「友だちの意見を聞いていると主人公の気持ちがよくわかった」と発表しました。

3 | 主体的に学習に取り組む態度

算数 友だちの発表からよりよい方法を見つけた

○ 「計算の工夫」の学習で、班の友だちの工夫を聞いて、「こういうやり方もあるんだ、これがやりやすい」と感心していました。全体で発表するときは、もっと簡単でわかりやすい方法はないかと一生懸命考えていました。

生活 人に聞いたり、自分で調べたりした

○ 「野菜を育てよう」の学習で、生育がよくないのはどうしてかを考えました。うまく育てている友だちに話を聞き、実際に試してみると元気に育ち始め、その後も友だちに聞いたり図鑑で調べたりするようになりました。

音楽 友だちの発表からイメージができた

○ 曲を聴いてイメージしたことを話し合う学習をしました。はじめはなかなか思い浮かびませんでしたが、友だちの発表を聞いているうちに広がった自分の感じたイメージを発表し、友だちからの賛同も得られました。

図画工作 友だちと相談しながら協力して作品を仕上げた

○ 等身大の自分を描きました。クラフト紙に寝転んで友だちに輪郭を描いてもらった後、手足の曲がり具合や顔の表情を描くときは、友だちに同じポーズをとってもらい、相談しながら、丁寧に仕上げました。

体育 上手な友だちからコツを学んだ

○ 鉄棒遊びで自分がやってみたい技がなかなかできませんでしたが、上手にできている友だちにコツを聞いたり、自分の技を見てもらったりして、できるようになりました。他の技にも積極的に挑戦するようになりました。

第2章 学びの姿（学力面）の所見文例　103

⑪ 学んだことを学習や生活に生かそうとしていた子

POINT 低学年の学習内容は生活に直結したことが多く、生活から学んだり、授業で学んだことを生活で生かしたりするなど、知識と概念の往復が大切です。学校や家庭での日常の中で、学んだことを生かそうとする姿を記述しましょう。

全般 学習したことを家でも試して理解を深めた

○ どの教科の授業でも、常に今までの経験や知っていることと重ねて考えることができ、学習した内容もよく理解しています。学習したことを実際に家で試してみるなど、より理解が確かなものとなっています。

全般 図書館で調べたことを実際に試してみた

○ 「世界の国の遊び」について学習しました。もっと知りたいと、図書館へ行って調べ、調べた遊びをクラスのみんなにも紹介し、雨の日には、教室で友だちと調べた遊びをして過ごしています。

全般 理解はできるものの、活用することは苦手だった

△ 教科書の内容はしっかりと理解できていますが、その理解を実際の生活場面と重ねたり生かしたりすることに戸惑う様子を見かけます。学んだことを生活に生かせるような学習を多く設定していきます。

国語 国語辞典をよく使っていた

○ 国語辞典の学習で、言葉の調べ方を知りました。それからは、辞典を常に机の上に置き、どの教科においても、わからない言葉があると、すぐに辞典で調べています。語彙がどんどん豊富になっていきますね。

3 | 主体的に学習に取り組む態度

算数　九九で買い物のお手伝いをした

○ 九九を暗唱するのに苦労していましたが、最後まであきらめずに取り組みました。日直のスピーチで「お母さんと買い物に行ったとき、料金を九九を使って計算してあげてるの」と楽しそうに話してくれました。

生活　家でイチゴを育てた

○ 学校で植えたミニトマトの世話を毎日続け、たくさんの実がつきました。もっと他にも育てたいと、家でイチゴの苗を買ってもらい、図鑑で育て方を調べながら世話をし、たくさんのイチゴができました。

生活　自分にできることを考え、実行した

○ 「しごとをしらべよう」の学習で、お母さんの仕事を調べました。お母さんが洗濯やアイロンがけを段取りよく行っていることに気づき、「お母さんを助けるため、自分にできることを考える」と発表していました。

音楽　お楽しみ会で友だちと合奏した

○ 音楽の時間に、いろいろな楽器を組み合わせて合奏をしました。いろいろな音が重なり合っていることが面白く、学級のお楽しみ会で、友だちとグループを作り、いろいろな楽器を使って合奏を披露してくれました。

図画工作　家族へのプレゼントを作った

○ 図工で身近にある材料を使って作品を作りました。学習した方法を使い、お父さんやお母さん、弟など、家族の誕生日に木の実や紙皿などを使ってプレゼントを作り、喜んでもらったとうれしそうに話してくれました。

第2章　学びの姿（学力面）の所見文例　105

12 単元・題材を通して、どんな力を身に付けるのか見通しをもてていた子

POINT　「主体的な学び」を実現するには、子ども自身が身に付いた資質・能力を自覚することが重要です。しかし、低学年の場合、どんな力をつけるのかを見通すことは簡単ではありません。導入等で教師が示した上で、子どもたちが学習に向かう姿を見取り、記述します。

全般　先生の願いを自分のねらい（つけたい力）にして取り組んだ

○　「○○（教科）の勉強は何するの？」とよく聞きます。その際学習内容だけでなく、「こんなことができるようになってほしいな」と話をすると、単元を通してできることを意識しながら課題解決に向かっていました。

全般　どんな力がつくのか、見通しをもって学習に臨んでいた

○　どの教科においても、授業のめあてとともに、「この時間はどんな力がつくといいのかな」と見通しをもちながら学習に向かっている姿に感心します。なかなか意識できないことなので、驚いています。

全般　示された「つけてほしい力」を自分事として意識した

○　自分の意見を発表することに苦手意識があります。「友だちにわかりやすく自分の考えを伝える力をつけてほしい」と伝えると、「自分もそうなりたい」と言って、ペアでの学習ではゆっくり丁寧に説明していました。

国語　ねらい（つけたい力）に沿って学習に向かっていた

○　「名人をしょうかいしよう」では、内容のまとまりに気をつけて文章を書く力をつけることをねらいとして、学習に向かいました。ピアノの先生について、構成メモをもとに伝えたい内容ごとにまとめることができました。

3 | 主体的に学習に取り組む態度

算数 「つけたい力」を意識した活動にならなかった

△ 「この時間は図を使って伝える力を意識しよう」と伝えても、式と答えを書いてじっと待っていることがあります。理解力にすぐれている○○さん。自分の考えをわかりやすく伝える大切さが実感できるといいですね。

生活 ねらい（つけたい力）に沿って活動していた

〇 「大きくなあれ、わたしの野菜」では、野菜の成長に合わせて世話の仕方を工夫する力をつけることをねらいに活動しました。実がついたら肥料をあげるなど、しっかりと成長の変化に気づきながら世話をしていました。

生活 ねらい（つけたい力）を意識して学習に臨んでいた

〇 「あしたヘジャンプ」の学習で、調べたことの中から必要なことを選び、まとめる力を意識して学習に取り組みました。できるようになったことをたくさん書き出し、ベスト3を決めてみんなに伝えていました。

図画工作 作品で劇をすることを知り、いろいろな小物を準備した

〇 「作った作品を使って劇遊びをする」というめあてを理解し、ストーリーを思い浮かべながら作品を作ることができました。メインとなる作品以外にもたくさんの小物を用意し、それらで劇を楽しむことができました。

体育 ねらい（つけたい力）に少しずつ近づいていった

△ 水中で目を開けて息を出すことをねらいに「動物遊び」をしました。怖さがあったのか、壁から離れてカニさんになることは難しかったようです。友だちと手をつなぐと、少しずつ壁から離れてできるようになりました。

第2章　学びの姿（学力面）の所見文例　**107**

13 この時間でどんな力を身に付けたのか振り返ることができていた子

POINT 低学年の児童には、「○○の力がついたと思う人?」と挙手させることから始めると、次第に単に活動が楽しかったというだけでなく、「こんなことができるようになった」など、実感をもって振り返り、自覚するようになります。そんな姿を見取り、記述します。

全般 振り返りで自分の学習の成果を自覚した

○ 毎時間の授業で「できるようになったこと」「こんな力がついたよ」などの学習を振り返る機会を設けています。いつも何ができるようになったか、どんな力がついたかを自覚できている姿には驚かされます。

全般 楽しく学んだが、何を学んだかを自覚できなかった

△ 授業の最後に振り返りの機会を設けています。楽しく学習したことは伝わってきますが、何ができるようになったかは、自覚できていないことがあります。楽しさとともに、身に付いた喜びを味わえるよう指導します。

国語 音読を繰り返して、主人公の気持ちがわかるようになった

○ 工夫して音読をする学習をしました。どのように読めば主人公の気持ちが伝わるか、何度も読み方を変えて練習しました。「主人公の気持ちに合わせて読み方を工夫するという力がついてきた」と振り返っていました。

算数 図に描いて説明する効果を知った

○ 繰り下がりのあるひき算の学習をしました。図に描いて説明し、友だちから「わかりやすかった」と認められました。「自分の考えた方法をわかりやすく図に描いて説明する力がついた」と振り返っていました。

3 | 主体的に学習に取り組む態度

算数 ## かけ算の基本的な考え方が理解できた

○ 算数のかけ算では、「1袋に○個、それが何袋、全部で何個」を繰り返し学習しました。「どんなお話の問題でも、解く力がついてきたよ」と学習を振り返っていました。

生活 ## インタビューすることができた

○ 「まちたんけん」でケーキ屋さんを調べました。知らない人と話すことが苦手でしたが、準備していた聞きたいことがインタビューできたことに自信をもち、他の人にもインタビューしてみたいと意欲を見せていました。

音楽 ## 育まれた力を自己評価することができた

○ 様子や気持ちを歌に表す力をつけようと、歌う工夫を考えました。リズムの強弱、テンポなどを変えることで、ずいぶんと違う曲調になることを実感しました。振り返りで力がついたことを自己評価していました。

図画工作 ## できたことを自覚していた

○ 絵の具で「ふしぎなどうぶつ」を描きました。描いた動物に丁寧に色付けし、カラフルな作品に仕上げて友だちから感心されていました。「色を工夫して、丁寧にぬることができた」と振り返っていました。

体育 ## 努力と工夫でできるようになった

○ 縄跳びの学習で、最初はうまく跳べず苦労しましたが、めあてをもって今できる跳び方で練習を繰り返していました。振り返りでは、「なわの回し方や跳び方を工夫して跳ぶことができた」と自己評価していました。

第2章　学びの姿（学力面）の所見文例　109

学習方法を振り返り、よりよい学習方法のあり方を考えることができていた子

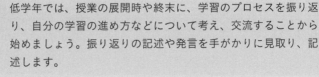

POINT　低学年では、授業の展開時や終末に、学習のプロセスを振り返り、自分の学習の進め方などについて考え、交流することから始めましょう。振り返りの記述や発言を手がかりに見取り、記述します。

全般　一人で考えるより、みんなで話し合うほうがよいと気づいた

○　どの教科でも、授業中の話し合いの場面では自分の考えを積極的に発言しています。振り返りでは、「一人で考えるよりみんなで話し合うほうがいろいろな考えが浮かんでくる」と書いていました。

全般　自分なりの方法を見つけられなかった

△　決められた課題はきっちり仕上げることができます。決められたとおりにしないと納得できないのか、いつも同じ方法です。工夫して、自分なりの方法を見つけながら考えをもつことも大切にしてください。

国語　いろいろな工夫を知り、次に生かそうとしていた

○　「名前を見てちょうだい」の学習で、音読発表会をしました。発表会後に交流した各班の工夫を聞いて、もっといろいろな工夫があることに気づき、「今度やるときは別の方法でやってみたい」と振り返っていました。

算数　図に描いて説明するとわかりやすいと気づいた

○　たし算の学習で、絵を使って自分の考えを伝えていました。ペア学習で友だちの考えを聞いたとき、図を使った説明がわかりやすかったことから、ひき算では、図を使うことに挑戦していました。

3 | 主体的に学習に取り組む態度

生活 発表を振り返り、よりよく伝える方法を考えた

○ 「まちたんけん」で見つけたことを発表しました。振り返りでは、見つけたことだけでなく、まちたんけんの苦労や見つけた驚きなど、「自分たちが感動したことを伝えたほうがよかった」と学習を振り返っていました。

生活 タブレットで調べるよさがわかった

○ 「おもちゃランド」の学習で、動くおもちゃを作りました。はじめは教科書にある設計図をもとに作りましたが、もっと工夫できないかを考え、タブレットで調べて、考えたとおりのおもちゃを作ることができました。

音楽 友だちと練習して、できるようになった

○ 音楽会で鍵盤ハーモニカを担当しました。演奏できるようになるまで苦労しましたが、「難しいところを友だちと一緒にどんな練習をしたら、できるようになるか考えたことがよかった」と振り返っていました。

図画工作 使った道具で絵の感じが違うことに気づいた

○ お話の絵を描きました。それぞれに一番好きな場面を思い浮かべて絵具やクレパスなど道具も自分で選びました。振り返りでは、場面や使う道具が違うとまったく別のイメージができることに驚いていました。

体育 やり方を変えて、課題を克服していた

○ マットを使った運動遊びでは、ずっと同じマットで練習していましたが、振り返りで、はじめの勢いが足りないことに気づきました。次の時間に、坂になっているマットで練習して、課題を克服していた姿は立派でした。

第2章 学びの姿（学力面）の所見文例　111

・第3章・

「特別の教科　道徳」の所見文例

「特別の教科　道徳」の評価の考え方

1 評価の基本的な考え方

　道徳科で評価するのは、道徳性そのものではなく、学習状況や道徳性に係る成長の様子です。

　道徳科で養う道徳性は、児童が将来いかに人間としてよりよく生きるか、いかに諸問題に適切に対応するかといった個人の問題に関わるものです。そのため、道徳的価値の理解に関する評価基準を設定したり、道徳性の諸様相を分節して、数値によって表す観点別評価を行うことは妥当ではありません。そこで、道徳科の評価は、数値による評価ではなく、記述式で行います。その上で、評価にあたっては、大きく以下の３点に留意しましょう。

❶ 内容項目ごとではなく、大くくりなまとまりを踏まえて評価する

　「礼儀」「思いやり、親切」など、個々の内容項目の学習状況を把握するのではなく、様々な内容項目の学習を概観することが求められます。

　児童の学習状況におけるよさや成長の様子を継続的かつ総合的に把握していきます。

❷ 相対評価ではなく、児童の成長を認め、励ます個人内評価とする

　個人内評価とは、他の児童との比較ではなく、一人一人の児童の成長を評価するものです。児童のよい点をほめたり、さらなる改善が望まれる点を指摘したりするなど、児童生徒の発達の段階に応じ励ましていく評価が求められます。

❸ 児童の具体的な取組状況を一定のまとまりの中で見取る

　道徳科で養う道徳性は、中・長期的に児童の変容を見ていくことが必要です。１回１回の授業の中で、すべての児童について評価を意識して、よい変容を見取ろうとすることは困難であるため、年間 35 単位時間の授業という長い期間の中でそれぞれの児童の変容を見取ります。

2 ▶ 評価のための具体的な方法

児童を見取るための具体的な方法には、次のようなものがあります。

・児童の学習の過程や成果などの記録を計画的にファイル等に集積して活用する
・授業時間に発話される記録や記述などを、児童生徒が道徳性を発達させていく
　過程での児童自身のエピソード（挿話）として集積し、評価に活用する
・作文やレポート、スピーチやプレゼンテーション、協働での問題解決といった
　実演の過程を通じて、学習状況や成長の様子を把握する

3 ▶ 通知表所見を書く際のポイント

　所見文を書くにあたっては、まず「大くくり」で捉えることが大切です。道徳科の学習活動における児童の取組状況や成長の様子を一定のまとまりの中で見取り、特に顕著なよさを認め評価します。児童や保護者によりわかりやすく伝える必要がある場合には、その後に「特に」という言葉を添えて、教材名や内容項目を入れ、具体的なエピソードや取組状況を伝えることが望ましいでしょう。

例）学習したことから自分を振り返り、自分の課題に目を向けていました。特に
　「きいろいベンチ」の学習では「自分もついやってしまったことがある」と言い
　ながら、これからの自分にとって大切なことを考えていました。

一面的な見方から多面的・多角的な見方へ発展している

 道徳的価値に関わる問題に対する判断の根拠や心情を様々な視点から捉え、考えようとしていること

POINT
教材の中には、いろいろな考え方の人物が登場したり、一人の登場人物が様々な考え方で悩んだりします。それらを理解しようとしたり、そのよさや課題について考えようとしたりする、学びの姿勢を認めることが大切です。

友だちとの話し合いで、視野を広げていた

○ 友だちとペアで話し合う中で、友だちの意見を聞いて納得したり、自分の考えを伝えたりしながら、お話の主人公の行動やその理由について、考えを広げて、道徳ノートに書いていました。

積極的に自分の考えを発表していた

○ お話に出てくるいろいろな登場人物の考え方を捉えて、発表していました。特に「はしの上のおおかみ」では、おおかみの気持ちだけでなく、くまの素敵さにも目を向け、みんなに伝えていました。

友だちの意見を聞きながらじっくりと考えていた

○ お話の登場人物たちがしたことについて、「どうしてかな」と疑問をもって、友だちの意見を聞き、じっくりと考えていました。その上で、いろいろな立場での考えやその理由について自分の考えを発表していました。

2 | 多面的・多角的な見方へ発展

友だちの役割演技から、考えを深めていた

○ 友だちの演技を見て、登場人物たちがとった行動について考えていました。特に「およげないりすさん」では、改めて「主人公を島に連れていく行動を支えたのは何だったのか」をじっくりと考えていました。

いろいろな視点から考えていた

○ いろいろな視点で考えをもつことができました。特に「おじさんからの手紙」では子どもたちが静かにできた理由を「思いやりややさしさ」「周りを困らせないように」「きまりだから」など多方面から考えていました。

登場人物の立場に寄り添いながら考えていた

○ いつもいろいろな登場人物の立場に立って考えていました。「きいろいベンチ」では、男の子たちだけでなく、おばあさんや女の子の側の立場から、きまりを守ることの大切さに気づいていました。

友だちの考えを受け止めて考えを広めていた

○ 登場人物の考え方について、いつも意欲的に発表していました。「森のゆうびんやさん」では、くまさんのしごとへの気持ちについて、ペアの友だちの考えを丁寧に聞くことで、自分の考えを広げていきました。

ノートを見ながら自分の考えを伝えることができた

△ 道徳ノートには考えたことがしっかりと書かれています。「ぐみの木と小鳥」では、登場人物それぞれの思いを考え、ノートを見ながらではありますが、「親切」についての自分の考えを伝えることができました。

第3章 「特別の教科　道徳」の所見文例　117

❷ 自分と違う立場や感じ方、考え方を理解しようとしていること

POINT 低学年は、家族以外の人との関わりが広がっていきます。まだまだ自己中心的な子どもたちは、教材の様々な立場の登場人物の感じ方や自分になかった考え方に出合うこと、友だちの考えを知ることで、物事の捉え方を広げていきます。

友だちと自分の考えの違いに気づき、考えを深めていた

○ 友だちの考えから自分の考えを広げたり深めたりして発表していました。特に「二わのことり」では、みそさざいの迷ったこととその後の行動について、自分とは違う友だちの考えにも理解を深めていました。

登場人物の考え方を理解しようとしていた

○ 自分とは違う登場人物の考えに、立ち止まって「どうしてかな」と考えることができます。特に「るっぺどうしたの」では「困ったことをする人はいやだけどわけがあるのかも」と見方を変えて一生懸命考えていました。

友だちの意見を聞きながらじっくりと考えていた

○ 登場人物の行動や考え方について話し合ったときには、友だちの考えをしっかりと聞いて、はじめに自分が考えたことだけでなく、友だちの意見から学ぶことで、考えを広げて道徳ノートにどんどん書き加えていました。

友だちの意見を聞いて、理解しようとしていた

○ 登場人物が迷う気持ちを、友だちの考えを聞きながら理解しようとしていました。「ゆっきとやっち」のときには、「ゆっきは、やっちを助けてよかったけれど、ゆっきが迷ったのにはわけがあったね」と話していました。

2 | 多面的・多角的な見方へ発展

積極的に意見を発表しながら、理解しようとしていた

○ いつも自分の考えたことをたくさん発表していました。登場人物の考え方や気持ちなどについて、自分とは違う友だちの考えにも耳を傾け、話し合いながら、いろいろな考え方や感じ方があることに気づいていきました。

理解しようとしていたことが、道徳ノートに表れていた

○ いつも道徳ノートに友だちの考えを書き加えています。「かぼちゃのつる」では、友だちの意見をノートに書きながら、様々な登場人物の思いに気づき「かぼちゃにどうすることがいいのかなあ」と考えていました。

友だちの考えを自分の考えに生かした

○ 登場人物の考え方について、いつも自分で考えた意見をしっかりともっていました。「きつねとぶどう」では友だちの考えを聞いて、もう一度考えたりたずねたりして、自分の考えに生かそうとする姿が見られました。

様々な考えがあることに気づいた

○ 登場人物の行動の理由や気持ちについて考えるときには、いつも友だちの考えをしっかりと聞いて考えていました。友だちの考えをたくさん知りながら、いろいろな考え方があることに気がついていきました。

違う意見に触れることのよさを実感していた

○ 友だちとの話し合いで、友だちの意見を聞いていると、自分とは違う考えにたくさん出合うことで、テーマについての新しい視点が見つかることに驚いていました。違う意見に触れることのよさを実感していました。

第3章 「特別の教科　道徳」の所見文例　119

③ 複数の道徳的価値の対立が生じる場面において取り得る行動を多面的・多角的に考えようとしていること

POINT 自分以外の考え方に納得できないことが多いのが低学年期かもしれません。教材では登場人物によって大切にしている考えが違い、行動やそれを支える考え方は多様であることに気づくことを大いに認めましょう。

他の取り得る行動を考えながら理解していた

○ いつも登場人物はどんな行動をして、その行動にどんな理由があるのかを考えています。「二わのことり」では、みそさざいがした決断の理由について、そのときに取り得る他の行動を考えながら理解していました。

深く考えて、自分の考えを発表していた

○ 登場人物が「どうしたらいいだろう」と迷う場面で、その理由について考えるだけでなく、いろんな方法の中で「一番いいのはどうすることだろう」と考えて、理由を明確にして自分の考えをみんなに発表していました。

登場人物の状況をつかんで、意欲的に考えていた

○ 登場人物の立場に立って、どんなことをすればいいかを理由まで考えて発表していました。「くりのみ」では「きつねはうさぎにしないといけないことがいっぱいある」と理由も一緒に一生懸命伝えていました。

友だちの発表から、考えを深めていた

○ 友だちの演技を見て、登場人物の行動の理由を考えたり、「他にもできたことはないかな」と考えたりしていました。それらの行動について、どんな意味があるのか、様々な立場から気がついたことを発表していました。

2 | 多面的・多角的な見方へ発展

積極的に意見を発表しながら、考え続けていた

○ 登場人物がすべきだと思うことや、どうしてそう思うのかを考えて、積極的に発表していました。友だちの意見にも心を向けて聞くことで、いろいろな考え方や大切にしたいことがあることに気づいていきました。

登場人物に寄り添いながら考えていた

○ 「どうしたらいいんだろう」と迷う登場人物の立場でできることを考えています。お話の場面や、登場人物の行動やその背景を想像しながら「こんなこともできるよ」と考えを発表していました。

取り得る行動を友だちと少しずつ考えていった

○ 「どうしたらいいんだろう」と悩む登場人物にできることについて、ペアで考えたときには、友だちの考えを聞いて、もう一度考え直していきながら、少しずつ自分の考えを広げていく様子が見られました。

取り得る行動について考えが思い浮かばなかった

△ 登場人物の行動とその理由については、しっかりと自分の考えがもてています。他の登場人物が取り得る行動については、少しずつ考えられることが増えてきました。様々な場面を想定して考えられるといいですね。

複数の登場人物の行動をもとに、自分事として考えている

○ 教材の複数の登場人物がとったそれぞれの行動をもとに、「自分なら、こう行動するかな。理由は～」と自分事として考える姿はクラスの見本となっています。取り得る可能性のある行動を考えることが得意です。

第 3 章 「特別の教科 道徳」の所見文例 **121**

道徳的価値の理解を自分自身との関わりの中で深めている

❶ 登場人物に自分を置き換えて考え、理解しようとしていること

客観的に考えることがまだ難しい低学年。登場人物に自分を置き換えて考えることは、自分の経験をもとに考えることになります。登場人物の悩みや喜び、その理由に共感しながら道徳的価値を理解しようとしている様子に着目します。

たくさん発表しながら、気づきがあった

○ お話の登場人物に自分の思いを重ねながら、たくさんのことに気づいて発表していました。「学校のつくえの中」では、整理整頓をすると気持ちいいだけでなく、次に使うものが見つけやすいことにも気づいていました。

登場人物の気持ちや考えを豊かに捉えていた

○ お話の登場人物になりきって、悩んだり、喜んだりしていました。特に「はしのうえのおおかみ」では、おおかみになりきって演技をしたり、親切にしたときの思いを考え、発表したりしていました。

自分の経験と重ねて考えていた

○ 登場人物が、勇気を出して行動したことについて、自分の経験と重ねて考えていました。「すごく、どきどきするよね」と言いながら、そのように行動できた理由や考えたことをみんなに伝えていました。

3 | 道徳的価値と自分自身との関わり

登場人物の視点で考えを深めていっていた

○ 「自分がお話の登場人物だったら……」と考え、発表していました。特に「あいさつ」について考えたときには、あいさつのよさはいろいろあることに、登場人物になりきったからこそ気づき、みんなに伝えていました。

思いを重ねて考えていた

○ お話の登場人物に思いを重ね、友だちの考えにも耳を傾けながら、発表していました。特に「ゆっきとやっち」では、やっちに思いを重ねて友だちのよさについて考えを深め、発表していました。

積極的に自分の考えを表現したり発表したりしていた

○ 演技をするときには、いつも進んで役に立候補し、登場人物に自分の気持ちを重ねてなりきって演じ、考えたことを伝えていました。演技を通して新たに気づいたことや、わかったことも進んで発表していました。

登場人物と重ねることが苦手だった

△ 登場人物の行動について、「自分なら」と重ねて考えていくようになってきました。自分の経験を振り返ったり、友だちの意見を聞いて納得したりしながら、登場人物に寄り添い考えていこうと努力しています。

登場人物に自分を置き換えて考えていた

○ 登場人物に自分を置き換えて考えようとする姿は立派です。特に「森のゆうびんやさん」では、「はたらくこと」について、自分の生活と重ねて考えて、役に立つうれしさ、やりがいを感じていました。

第3章 「特別の教科 道徳」の所見文例　123

❷ 自分自身を振り返り、自らの行動や考えを見直していること

POINT 子どもたちが、道徳的価値について考えたことから、これまでの自分の経験や考え方を見つめることによって、自分の成長に気づいたり、さらに深く考えたり、行動を見直したりしている姿を大切にします。

じっくりと考えてノートに書いていた

○ 家族についての学習を通して、家族が自分のことを大切に思ってくれていることや、支えてくれていることに思いを向け、自分も家族のためにできることはないかと考えて、行動を見直していました。

自分の経験を重ねて考えていた

○ いつも学んだことを、自分自身の経験と重ねて考えていました。特に「おふろばそうじ」では、「自分もがんばっていることがあるよ。だんだん上手になってうれしくなるよ」とみんなに伝えていました。

自分の課題を素直に受け止めていた

○ 学習したことから自分を振り返り、自分の課題に目を向けていました。「きいろいベンチ」の学習では「自分もついやってしまったことがある」と言いながら、これからの自分にとって大切なことを考えていました。

自分の考え方を振り返っていた

○ 学習で「わかったこと」を発表するとき、これまでの自分の考え方との違いや、新しく気づいたことを、「なるほどと思ったんだよ」などと言いながら、いつも意欲的に考えを見直していました。

3 | 道徳的価値と自分自身との関わり

友だちの考えを取り入れながら考えて続けていた

○ 友だちの学習の振り返りの発表を聞きながら、自分自身のことを改めて見つめていました。友だちの考えと、自分の考えを照らし合わせながら、これからどう行動を変えていくかを道徳ノートに書いていました。

自分の成長に目を向けていた

○ いつも学習を通して、自分のことを見つめていました。「ぽんたとかんた」では、「自分なら一緒に裏山に行っていたと思う。でも今は行かないと言えるよ」と自分の成長を捉えて、みんなに伝えていました。

自分を振り返ることが難しかった

△ 自分が成長したことなどをノートに書くことが増えてきました。自分自身を振り返る力がついてきましたね。さらに友だちの意見を聞いて、新たに気づいたことや考えが広がったことなどを付け加えるといいですね。

行動や考えを見直すことが苦手だった

△ いつも友だちの考えをしっかりと聞いています。2学期は、そこから、自分の考えに生かしていこうとしたり、これまでの自分を振り返り、自分の行動や考えを見直したりできると、一層考えが深まります。

登場人物の行動から自分を振り返っていた

○ 登場人物の行動から、これまでの自分を振り返り、自分の行動を見直すことができます。当番活動では、「これからはみんなのために役に立つよう、一生懸命に取り組む」と意欲を高めていました。

第3章 「特別の教科 道徳」の所見文例 125

③ 道徳的な問題に対して自己の取り得る行動を他者と議論する中で、道徳的価値の理解をさらに深めていること

> **POINT**
> 登場人物ではなく「わたしなら……」と考えたとき、教材の状況の中に自分を置いて考えていることになります。その中で、取り得る行動を支えるものについて話し合うことで、道徳的価値の理解を深めていく様子を見取ります。

友だちの考えを取り入れながら、考え続けていた

○ いつもお話の場面で、「自分だったら……」という視点で考えています。「くりのみ」では、自分と友だちの考えを比べながら、両方の登場人物の行動の理由から、「思いやりの心」についての考えを深めていました。

自分の経験を重ねて考えていた

○ いつも自分の経験と重ねて考えていました。「あいさつ」について「大きな声であいさつをしたら気持ちがいいよ」とみんなに伝え、友だちの「仲良くなれる」という意見に「なるほど」と拍手を送っていました。

ペアで話し合いながら考えを深めていた

○ いつもペアの友だちと話し合いながら、「どうしたらいいかな」ととるべき行動を考えていました。特に「およげないりすさん」では、互いに伝え合うことで助け合ったり遊んだりすることのよさを見つけていました。

話し合いの中で以前の学習と関連させて考えていた

○ 以前学んだことと関連させて考えることができます。「二わのことり」で「友だち」について考えたとき、「ぞうさんとおともだち」の話を思い出し、「やはり友だちに喜んでほしい」と自分にできることを考えました。

3 | 道徳的価値と自分自身との関わり

対話により価値を実感していた

○ 自分の言動で友だちから責められたりすることから逃れようとする行動について友だちと話し合う中で、うそを言ったりごまかしをしたりするのではなくそれらを乗り越えて素直にその非を認める大切さを実感しました。

友だちとの考えの違いに気づき、価値を深めていた

○ いつも「もし自分なら……」と考え、友だちの考えを聞く中で、自分と友だちのとる行動は違っても、そうしたいと思う心は同じであることに気づき、考えを深めていました。

主人公の行動やその理由について考えることが苦手だった

△ 教材の内容についてよく理解している○○さん。2学期は、「もし自分が○○の立場だったら……」と、登場人物がすべきだと思う行動や、その理由を積極的に友だちと考えテーマについて深めていけるといいですね。

価値の理解をさらに深めることが難しかった

△ 主人公の行動について理解しています。友だちと学び合う中で、「自分だったらどうするだろう」と、次第に主人公の行動や支えている考え方について、自分事として理解を深めている姿が見られるようになりました。

登場人物の行動を支えるものについて友だちと考えていた

○ 登場人物がどうしてその行動をとったのかについて友だちと考えることが大好きな○○さん。「自分なら、自分たちの学校生活を支えてくれる人たちのためにも、もっといい学級にしたい」と、友だちに伝えていました。

第3章　「特別の教科　道徳」の所見文例　**127**

④ 道徳的価値を実現することの難しさを自分のこととして考えようとしていること

POINT 登場人物が悩む場面で「そうすればよいことはわかっている、でも……」と心の弱さに共感したり、「登場人物にはできたかもしれないけれど、今の自分には……」など、自分事として考えている姿を認め、励ましましょう。

自分の経験と重ねて考えていた

○ 「よくないことはしない。わかっているんだけど、してしまうことがある」と振り返っていました。どんな方法で登場人物は乗り越えたのか、もう一度教材を読み返して考えていた○○さんには感心させられます。

登場人物に寄り添いながら考えていた

○ 登場人物の出来事を自分のことのように考えていました。「かぼちゃのつる」では、自分勝手はよくないと言いながら、「言うことを聞かないと……と思っても、なかなか聞けないときがある」と自分を見つめていました。

友だちの考えを聞きながら捉えていっていた

○ 友だちの考えを聞きながら、登場人物の気持ちや考え方と自分を重ねていました。「るっぺどうしたの」では、友だちの話から「面倒で自分もるっぺみたいになってしまうときがあるなあ」と考えていました。

学習したことを自分のこととして考えていた

○ 学習したことと自分を重ねて、「きいろいベンチ」では、「自分も楽しくなって、ついだめなことをしてしまうときもあるけれど、がんばって気をつけたい」とみんなに伝えていました。

3 | 道徳的価値と自分自身との関わり

これまでの自分を素直に振り返っていた

○ いつもお話と自分の経験をつなげて考えていました。あいさつについて考えたときには、「ぼくもどきどきしてなかなかできない」と言いながらもあいさつのよさに心を向け、やってみようという意欲をもっていました。

積極的に自分との関わりで考えた

○ 教材で学んだことを積極的に自分との関わりで考えています。みんなが使う場所でルールを守って行動する大切さを考えたとき、自分はどうかと振り返り、その実現の難しさを感じつつも守ろうとする意欲をもちました。

登場人物になりきって考えていた

○ 後片付けについて、ペア学習をしたときには、「できない気持ちもわかるよね」と言いながら、どうしたらできるようになるかを友だちと一緒に悩みながら、登場人物になりきって考えていました。

価値を実現することの難しさを考えようとしていなかった

△ 主人公のとる行動について理解しています。しかし、自分が日々そのような行動をする難しさにはなかなか目がいかないようです。さらに主人公に共感したり、自分と重ねてみたりして自分を振り返ってみるといいですね。

自分ができることを一つずつ見つけていこうとした

○ 家族についての学習では、自分を大切にしてくれる家族のために、自分も役に立ちたいと強く思いました。その思いを行動に表すことは簡単ではないけれど、できることを一つずつ見つけていこうと気持ちが高まりました。

第3章 「特別の教科 道徳」の所見文例 129

育ちの姿（生活面）の所見文例

1 基本的な生活習慣

❶ 心の込もったあいさつや丁寧な言葉づかいができる子

POINT 気持ちのよいあいさつ、適切な言葉づかいはコミュニケーションの基本です。場や相手に応じたあいさつや言葉づかいを具体的に記しましょう。短所を書き記す際には、どうしていけないのか、理由も書き添えるとよいでしょう。

日常 元気なあいさつがしっかりと身に付いていた

○ 友だちや先生など、誰に対しても「おはようございます」「さようなら」など、明るく大きな声で気持ちのよいあいさつができます。学級の雰囲気をいつも明るく和やかにしてくれます。

日常 気持ちのよいあいさつや返事ができていた

○ 朝の「おはよう」や帰りの「さようなら」のあいさつはもちろん、「ありがとう」や「ごめんなさい」といった相手を思いやる言葉を自然に伝えることができています。

日常 言葉づかいが乱暴になってしまうことがあった

△ 何事にも一生懸命な○○さん。思いが強すぎて言葉が少し乱暴になってしまうことがありました。言葉の使い方一つで、○○さんの素敵な部分が友だちにとってはそう映らなくなるので、気をつけましょう。

1 | 基本的な生活習慣

❷ 時間やきまりを守って落ち着いた生活を送っている子

POINT 時間やきまりを守って行動することは、安全で規則正しい集団生活をする上で最も大切なことです。授業時間だけなく、休み時間や給食時間、掃除時間などの子どもの姿や様子をしっかりと見取りましょう。

日常 時間や学校の規則を守っていた

○ 周りの様子をよく見て、いつも落ち着いて行動することができています。チャイム着席や廊下の歩き方など、学校生活の中でのルールもきちんと守って過ごす○○さんの姿が学級のよきお手本となりました。

日常 ときどき時間を守れないことがあった

△ 虫探しが大好きな○○さん。夢中で取り組むあまり、時間を守ることができない場面もありました。時間を守ることで、○○さんの一生懸命に取り組む姿がより輝きを見せることでしょう。

授業 見通しをもって行動していた

○ 授業の2分前には着席し次の学習の準備をすることができました。「鉛筆を削っておいたほうがいいよ」などと、友だちにアドバイスする姿も見られ、○○さんのおかげで多くの友だちが見通しをもって行動できました。

学校行事 決められた時間を守っていた

○ 校外学習等の課外活動では、5分前行動をすることができています。また自分だけでなく、周りの友だちにもきちんと声をかけ、時間を守ることの大切さを伝える姿は大変立派でした。

第4章 育ちの姿（生活面）の所見文例

③ 整理・整頓がしっかりとできる子

POINT 整理・整頓は規則正しい生活をすることの第一歩なのかもしれません。そのよさを記述するとともに、苦手な子どもには、困り感を具体的に共有し、今後意欲的に整理整頓ができるよう促すことを心がけましょう。

[日常] 自分の所有物を整理・整頓できていた

○ いつも机の中も身の周りもきちんと整理されています。そのため、毎時間の学習準備が素早くでき、余裕をもってスムーズに学習に臨むことができています。

[日常] 後片付けがうまくできなかった

△ 日々の学校生活を意欲的に過ごすことができました。遊びたい気持ちが高まるのか、休み時間に片付けをせずに教室を出ていくことがありました。整理整頓し、ゆとりをもって授業を始める習慣が身に付くといいですね。

[日常] 机やロッカーの中が整頓されていた

○ 机やロッカーの中をいつもきれいに整頓していました。「どうしていつもこんなにきれいなの？」とたずねると、「すぐに取り出しやすいからです」と整理することの価値に触れて答える○○さんの姿に感心しました。

[学級活動] みんなで使う物の片付けができていた

○ 掃除が終わると、いつも散らかる掃除ロッカーを自ら進んで整理する姿にはただただ感心させられます。○○さんの姿を手本とする友だちが増え、○年○組のロッカーがいつもきれいになりました。

1 | 基本的な生活習慣

④ 持ち物を大切にする子

POINT 欲しいものは何でも手に入りやすい時代となりました。ゆえに自分の所有物を大切にしようとする気持ちが薄らぎつつあるのかもしれません。子ども一人一人の行動を見取り、しっかりと指導を継続していきたい項目です。

日常 最後まで使い切っていた

○ 鉛筆や消しゴムなどを、小さくなるまで使い切っています。物を大切に使おうとする姿は立派です。○○さんを規範として、物を大切にしようとする友だちがだんだんと増えてきました。

日常 みんなの物を大切にしていた

○ 休み時間が終わると、クラスのボールはいつも運動場に転がったままでした。○○という道徳の教材を学習してから、誰よりも率先して片付けるとともに、きれいに拭いたり、こまめに空気を入れたりしていました。

日常 持ち物を丁寧に扱っていた

○ 自分の持ち物にはすべて名前を書き、教科書やノートなど持ち物をいつも丁寧に扱っている姿が印象的です。教室で落とし物を見つけると、「これは誰の物ですか?」と聞いて持ち主を探してくれます。

日常 物を乱暴に扱っていた

△ 自分の物は大事に扱うことができます。一方で、学級のテープや黒板消しで遊ぶことがあり、テープを無駄にしたり、黒板消しのひもがとれたりしました。みんなで使う物も自分の物のように丁寧に扱えるといいですね。

健康・体力の向上

 積極的に運動に取り組む子

> **POINT**
> 運動は、食事とともに健康な体を作っていく上で大切なことです。進んで運動をすることは、行動の記録における低学年の評価の趣旨となっています。運動意欲が高まっている場面等を積極的に評価し根本的に運動が好きな子を育てましょう。

日常 外に出て、元気に遊んでいた

○ 晴れた日は、真っ先に運動場に出て友だちと遊んでいます。Sケンをしたり、ドッジボールをしたり、毎日汗びっしょりになって教室に帰ってきます。これからも続けて、外で元気に遊ぶ○○さんでいてください。

日常 ボールを使った運動に積極的に取り組んでいた

○ ボールを使った運動が大好きで、休み時間もクラスみんなでドッジボールをして過ごしていました。○○さんの明るい笑い声が運動場いっぱいに響いていました。

日常 体を動かすことをあまり好まなかった

△ 休み時間に教室にいる姿をよく見かけましたが、友だちに「一緒に外で遊ぼう」と誘われると、運動場で体を動かす姿が見られました。天気のよい日は外で友だちと遊ぶ機会が増えて、運動を楽しめるといいですね。

2 | 健康・体力の向上

❷ 運動する習慣を身に付けている子

POINT　「運動する習慣」というと、トレーニングなど、何かに毎日取り組む姿を思い浮かべてしまいますが、低学年段階では、休み時間や放課後を中心に、継続的に遊びに親しんでいる様子を評価するとよいでしょう。

日常　鬼遊びで友だちと遊んでいた

○　走ることが大好きな○○さん。体育で取り組んだ鬼遊びが楽しかったのでしょう。休み時間なども友だちを誘って、繰り返し遊ぶ姿が見られました。自分たちに合ったルールを作って、遊ぶ姿に感心させられました。

日常　マラソン練習に継続的に取り組んでいた

○　マラソン週間では、業間休みや放課後には必ず運動場に出て走っていました。走った分だけ色をぬれるマラソンカードが大好きで、3枚目に突入しました。笑顔で走っている姿が印象的でした。

日常　友だちと毎日運動場で遊んでいた

○　休み時間になると友だちを誘って、運動場で鬼遊びやドッジボールをして遊ぶ姿が見られました。○○さんのおかげで外で遊んだり、体を動かしたりすることが好きになったという友だちがたくさん増えました。

日常　何事に対してもあきらめがちだった

△　何事にも意欲的に取り組むことができる○○さん。しかしボール遊びなどで、失敗やできない経験をするとすぐにあきらめていました。はじめから上手にできる人はいません。繰り返しあきらめず練習してみましょう。

③ 自分の健康について気をつけることができる子

POINT 風邪が流行する冬にだけ、「手洗い・うがい・歯磨き」の大切さを伝えがちですが、日頃から伝え、習慣化していくことが大切です。日頃から健康について気をつけている様子を書き記すことがポイントです。

日常 手洗い・うがいが毎日できていた

○ 自分の健康について理解をし、行動に移すことができています。外から帰ってきた後の手洗いやうがいはもちろんのこと、タオルで汗をきちんと拭いています。また、食後の歯磨きの習慣もしっかりと身に付いています。

日常 ハンカチやティッシュをもってこないことがあった

△ 休み時間、友だちと仲良く遊んでいました。ハンカチやティッシュをもってこないで、手を洗わずに教室に入ってくることがありました。手洗い、うがいは自分の健康のために習慣化できるように話をしています。

日常 ハンカチを友だちに貸していた

○ 手を洗った後、洋服で拭く友だちに「洋服にもばい菌はいっぱいついているよ」と友だちにハンカチを貸してあげる姿が見られました。手洗いの意味をしっかり理解し、健康に気をつけている姿に感心させられました。

学級活動 毎日欠かさずに歯磨きをしていた

○ 給食後、欠かさずに歯磨きを行っています。磨き方も丁寧で、磨き忘れがほとんどありません。歯磨きをササッと済ませる友だちに、「しっかりと磨いたほうがいいよ」と声かけすることも忘れませんでした。

2 | 健康・体力の向上

❹ けがに気をつけて元気に活動できる子

POINT 元気に学校生活を送っていることを伝えると保護者は安心しますが、元気がゆえにけがにつながる行動も多いことでしょう。けがをしてしまうと子ども自身が困ることを日頃から伝え、けがをしないための防止策などを書き添えるとよいでしょう。

日常 安全に気をつけながら活動していた

○ 毎日とても活発に学校生活を過ごしていますが、けががないことはとてもすばらしいことです。注意深く見ていると、無理な行動をしていないことがよくわかります。けがの防止に心がける姿は立派です。

日常 安全に気をつけ、行動していた

○ 図書室への移動では、いつも早めに教室を出ます。理由をたずねると「焦って廊下を走らなくてもいいように」との答えが返ってきました。安全な行動とは何であるかを理解し、ルールを守って行動できています。

日常 友だちの危ない行動を丁寧に注意していた

○ 滑り台を反対側から登る友だちに、「気づかずに上から滑ってくる子がいたら、その子だけでなく○○さんもけがをしてしまうよ」といけない理由を丁寧に友だちに説明する姿に感心させられました。

日常 けがが多かった

△ いつも活動的な○○さん。しかし、自分の身長の2倍ほどの高さから飛び下りて足をくじいたり、斜面で竹馬をして転んだりすることがありました。けがを防ぎ、安全に過ごせるよう意識して行動できるといいですね。

3 自主・自律

❶ よいと思うことは進んで行うことができる子

> **POINT**
> 子どもの自主性が発揮される場面は、授業中のみとは限りません。休み時間や行事に向けた取組みや、放課後の一人一人の子どもの言動を観察したり、子どもと一緒に活動してみたりするとよくわかります。

日常 主体的に活動していた

○ 教室に落ちている物を見つけると、必ず「誰のですか？」と聞いて、持ち主がわかるまで調べて友だちに返しています。主体的に活動できるところがクラスの模範となっています。

学級活動 率先して行動することができていた

○ 係活動や当番活動では、困っている友だちがいたり、遅れていたりすると率先して手伝うことができます。指示されなくても、自ら進んで行動する姿は、大変すばらしいです。

学級活動 友だちの指示がないと、行動ができなかった

△ 係活動では、与えられた仕事を確実に行っています。来学期は、「次に何をしたらいいだろう」と考えながら、自ら進んで行動することを目標にしましょう。

3 | 自主・自律

❷ 状況に応じた判断ができる子

POINT 日頃から子どもをよく観察し、時間、場所等の状況をしっかりと考えて判断し、行動している様子を捉え、その姿を大いに認めて称賛しましょう。

日常　状況をよく理解していた

○　どれだけ楽しく遊んでいても、決められた時刻になると友だちに声をかけて、教室に帰ってきます。周りの様子がよく見えていて、時間をしっかり意識して行動できる姿は立派です。

日常　時と場に応じた態度がとれていた

○　楽しいことが好きで、冗談を言ったり、おどけてみんなを楽しませたりしていますが、時と場を考えた行動がとれています。その姿は、クラスのみんなに好感をもたれ、○○さんへの信頼につながっています。

日常　夢中になって状況に応じた態度がとれていなかった

△　学習でも授業でも熱心に取り組む一方、夢中になりすぎて、指示が聞けなかったり、チャイムの合図を守れなかったりすることがありました。来学期は「今は何をする時間だろう」と考えながら行動できるといいですね。

学級活動　状況に応じた過ごし方を考えていた

○　雨の日にみんなが落ち着いて過ごせるように、トランプ大会や折り紙教室などを企画してくれました。学級会で「○○さんのおかげで雨の日の休み時間も楽しいです」とみんなから言われ、喜んでいた姿が印象的です。

第4章　育ちの姿（生活面）の所見文例　141

３ 目標に向かって計画的に最後まで努力する子

POINT 何かに取り組む際に、目標を先生や友だちと一緒に立てられているか、立てた目標に対し、最後まで努力しているかどうかを見取り、目標に向かって取り組んでいる姿が想像できるように書き記すとよいでしょう。

〈日常〉 最後までがんばることができていた

○ どんな活動でも、先生や友だちと目標を立ててから取り組む○○さん。立てた目標を実現させるためにはどうすればよいかを理解していて、地道にコツコツと小さな努力を積み重ねる姿はとてもすばらしいです。

〈日常〉 目標に向かって突き進む姿が見られた

○ 自分から進んであいさつをすることをめあてにした○○さん。まずは朝の校門でのあいさつから始め、今では、地域の見守り隊の方、学校に来られたお客様にも相手の目を見て立ち止まってあいさつできます。

〈日常〉 目標に向かって友だちと一緒に努力していた

○ 漢字テストでよい点が取れるようにと、友だちと放課後一緒に漢字を練習していた姿が見られました。初めて100点をとったときも、「続けて100点を取る」という新しい目標をもち、努力し続けることができました。

〈日常〉 何事に対しても、あきらめがちであった

△ 「できない！」と思っていたことも、やってみるとできていました。少し難しいと思う課題にも積極的に挑戦し、目標を決め、一歩一歩進めていく大切さを実感しました。次の取組みに期待しています。

3 | 自主・自律

❹ クラス行事に積極的に取り組む子

POINT 言動が目立つ子どもに目がいきがちですが、黙々と作業を進める子や家でたくさんのグッズを作る子など、陰で積極的に行事に関わっている子もいます。行動範囲が多岐に渡るので、教師も視野を広げて観察しましょう。

授業 意欲的な姿勢で行事に臨んでいた

○ 音読劇では、登場人物の気持ちを考え、どんな読み方をしたらいいか積極的に発言を繰り返していました。自主学習で時間をかけて考えてきたようで、よりよい劇にしようとする意気込みをみんなが感じました。

学級活動 積極的に意見を伝えなかった

△ お楽しみ会での出し物を考えるとき、友だちの意見をいつも受け入れながら、仲良く活動できました。時には「私はこうしたい」と自分の考えを伝えることも大切です。チャレンジしていけるよう支援していきます。

学校行事 道具係として、学年行事に積極的に参加していた

○ 遠足では道具係としてウォークラリーに取り組みました。みんなが楽しめるラリーにするためにはどうすればよいかを考えながら、家でカード作りをするなど、黙々と準備に一生懸命取り組んでいました。

学校行事 自分で考えたことを行動に移していた

○ カルタ大会では、みんなの気持ちを盛り上げようと朝早くに登校し、凧や巨大カルタ、折り紙で作ったきれいな飾りなどを壁一面に掲示してくれました。○○さんのおかげで楽しいカルタ大会になりました。

4 責任感

❶ 係や当番の仕事を最後までやりとげる子

POINT 自分のことで手一杯で、周りのことまで考えることが難しい低学年期。まずは自分でやらなければならないことはしっかりと行うことが大切です。その姿をしっかりと見取り、最大限の称賛を伝えるようにしましょう。

学級活動 **自分の担当に責任感をもって取り組んでいた**

○ 掃除が終わってチャイムが鳴り、みんなが遊びに行っても、最後まで雑巾をきれいに洗ってから雑巾掛けにかける場面を目にしました。自分たちの仕事をしっかりとやりとげようとする姿勢は大変立派です。

学級活動 **係活動に一生懸命に取り組んでいた**

○ 黒板消し係として、毎時間黒板をきれいにしていました。黒板を隅々まで拭くことはもちろん、チョーク入れまで忘れずに丁寧に拭いていた姿が印象的です。○○さんの責任感の強さに感心させられました。

学級活動 **係や当番の仕事をおろそかにしていた**

 日直の仕事をもう一人の友だちに任せて遊びにいくことがありました。仕事をしないと学級に迷惑がかかることがわかってからは、与えられた役割をすべて、最後までやりとげることができました。

4 ｜ 責任感

❷ リーダーシップがあり、友だちから頼りにされている子

POINT 低学年期特有の自分の考えを主張する姿ではなく、友だちの意見を聞きながら全体をまとめていくなどの姿を評価し、具体的な場面を書き記すことを心がけましょう。

授業　話しやすい雰囲気を作っていた

〇 話し合い活動では、いつも進んで司会を務め、グループのみんなが話しやすい雰囲気を作っていました。友だちが話すときは、顔を見てうなずきながら聞いてくれたので、みんなが安心して発表することができました。

学級活動　学級委員としてクラスを引っ張っていた

〇 学級委員として、友だちが意見を出せるよう、やさしく声かけをしながら話を進め、出てきた意見にしっかりと耳を傾け、整理して業間休みの学級遊びなどを決めることができました。みんなからの信頼は厚いです。

学級活動　リーダーシップが発揮できなかった

△ グループ活動では、積極的にリーダーに立候補しています。意見が分かれたとき、自分の意見を強く主張してしまう場面がありました。リーダーとして、どうすればグループ活動がスムーズにいくか振り返りました。

学校行事　グループを上手にまとめていた

〇 1年生をむかえる会でのプレゼントをグループで作る際、一部間違っていたことに気づき、みんなで相談しながら協力して修正し間に合わせました。その責任感とリーダーシップぶりは、すばらしかったです。

③ 提出物などの提出期限を守る子

POINT 忘れ物をしないことと同様に、提出物の期限を守ることは、その子への信頼や信用につながり、また、そこには自己の責任が生じています。期限を守ることの大切さをしっかりと書き記しましょう。

日常 提出期限を守る努力が見えた

○ 次の日の持ち物やお手紙の提出期日など、その都度必ず連絡帳にメモをする習慣が身に付いています。そのため、学習に必要な用具や宿題、提出物などをきちんと忘れずに準備することができています。

日常 常に責任感をもって行動していた

○ 期日までに提出物を出したり、授業中にやり残した課題を必ず家庭学習でやりきってきたり、自分の係や当番の仕事を終えたりすることができます。常に期日は守ろうという責任感を抱いて臨んでいます。

日常 提出物を忘れないように工夫していた

○ 登校すると、すぐに提出物を取り出し、先生に渡してくれました。提出した後は自分で作ったチェック表に印を入れていたのが印象的です。○○さんの姿を見てチェック表を作る学級の友だちが増えました。

日常 楽しさを優先して提出物を忘れることがあった

△ 毎日、楽しそうに笑顔で過ごしていた○○さん。一方で、楽しいことを優先させてしまう面があり、宿題や提出物を忘れることが度々ありました。忘れない方法を一緒に考えてからは、守ることができました。

4 | 責任感

④ 教師が見ていなくても、自分の役割を着実に果たす子

POINT 見えないところでのがんばりは高く評価したいところです。日頃から子どもと一緒に活動したり、子どもたちの声に耳を傾けたりする姿勢が大切です。つかんだ情報をもとに、自分の目で確かめてから書き記すようにしましょう。

日常 毎朝元気なあいさつをしていた

○ 「○○さんは毎朝元気にあいさつしてくれる」と、見守り隊のおじさんがうれしそうに先生に教えてくれました。○○さんのあいさつが、おじさんに元気を与えているようです。これからも続けてくださいね。

学級活動 清掃活動に一生懸命取り組んでいた

○ 掃除の時間、誰も見ていなくても時間いっぱいまで分担場所の清掃を黙々とこなしています。特に教室掃除では、床の汚れを見つけては、一生懸命に雑巾がけしている姿に感心しました。

学級活動 給食当番という自分の役割をしっかりと果たしていた

○ 教師が見ていなくても、給食後には必ず配膳台をきれいになるまで拭き、元の場所に戻すことができていました。給食当番という与えられた仕事を、責任をもって全うする姿に感心させられました。

学級活動 係活動で自分の役割を果たすことができなかった

△ 活発に学校生活を過ごしています。係活動では、先生と目が合うまで、友だちと話し続けて手が動いていないことがありました。どんなときでも自分の役割に責任をもって、友だちと協力して行動できるといいですね。

第4章 育ちの姿（生活面）の所見文例

5 創意工夫

❶ 発想が豊かで柔軟な子

POINT 発想が豊かで柔軟な子どもは様々なことに工夫しながら取り組みます。家庭でも同じような姿を見せていることが多いので、書き記す際には、具体的な学校生活の場面が思い浮かぶような文面で伝えることが大切です。

日常 新しいことに挑戦することができなかった

△ 経験したことには進んで取り組むことができる反面、新しいことに挑戦することは少し苦手なようです。少しずつでも、新しい工夫を取り入れながら活動することの面白さが実感できるように支援していきます。

学級活動 学級会で次々とアイデアを出していた

○ 学級会でお誕生日会などを企画するとき、これまでにない発想で次々とアイデアを出して、みんなに喜ばれています。○○さんのおかげでクラスがとてもよい雰囲気になっています。

学級活動 これまでのやり方にこだわらなかった

○ クラス遊びについての話し合いでは、これまでのやり方にこだわらず、みんなが楽しく遊べる方法を考えました。新しい遊びができて、それまであまり外に出なかった友だちも含め、全員で遊ぶことができました。

5 ｜ 創意工夫

❷ クラスや係活動等をよりよくする改善や提案ができる子

POINT 低学年段階では、まずは活動等の課題が見えること、そしてその課題を何とか解決しようと自分なりに進んで考えることが大切です。改善や提案をしようとする意欲を見取り、具体的に評価しましょう。

[学級活動] 学級の課題を解決しようと提案した

○ 教室での落とし物の多さを課題に思っていた○○さん。落とし物係を作ることを提案し、毎日終わりの会で、持ち物すべてに名前があるかを確認したことで、教室から落とし物がなくなりました。

[学級活動] 係の課題を見つけて改善案を提案した

○ 企画係の活動の多さを軽減するために、２学期の係決めのときに、毎日の遊び係と月に一度のお楽しみ会係に分けることを提案しました。その結果１学期よりも充実した係活動となりました。

[学級活動] 係活動をよりよいものにしようとしていた

○ あいさつ係では、「他の係に比べて仕事が少ない」と、健康観察簿を取りに行くことや出欠黒板に記入することまでを仕事にしたいと提案してくれました。学級全体を考え、意見を伝える姿は大変立派です。

[学級活動] 課題は見えているものの、対応できなかった

△ 教室によくごみが落ちていることが気になっていたものの、どうしたらいいかわからず自分で拾っていました。勇気を出して友だちに相談し、学級会で話し合い、改善に向かいました。大きな一歩を踏み出しました。

第４章　育ちの姿（生活面）の所見文例

❸ 学習したことを生活に生かそうとする子

POINT 学習して身に付けたことを活用する場面は、休み時間、放課後、登下校にも及びます。学習した直後に、「こんなふうに活用してくれるだろうか」とあらかじめ想定しておき、実際にリサーチして把握することも一つの方法です。

日常 国語で学習したことをスピーチに生かしていた

○ 国語で、説明する際には順番が大切であることを学習しました。学習後の朝のスピーチでは、出来事の順序に気をつけて話してくれたので、内容がよくわかり、スピーチ後にはみんなから大きな拍手をもらいました。

日常 算数で学んだことを生活に生かせなかった

△ ゆっくりと丁寧に進めていくことができる〇〇さん。一方で、何かを数える際も一つずつなので、時間がかかってしまいました。二つずつ数えたり、算数で学習したかけ算の考え方を生かしたりすると便利ですね。

日常 調べ学習を通して、気持ちに変化が見られた

○ 「家族の1日の仕事調べ」では、写真を効果的に使って、わかりやすく伝えていました。仕事の量を家族ごとに表に示したことで、親の大変さに気づき、もっとお手伝いをしようと考え、実行に移すことができました。

学級活動 生活科での学習を日常生活に生かしていた

○ ゲーム大会の景品に、生活科の「うごくおもちゃ」で学習した方法を使って作ることを提案していました。もらった参加者にとても喜ばれていました。

5 | 創意工夫

❹ 自分に合った方法を見つけ出すことができる子

POINT 係活動や日直などの仕事をする際に、自分に合った方法を進んで考えようとしている子どもの姿を見取ります。少しでもその子なりの工夫や考えが見受けられたら、その姿を書き記すとよいでしょう。

日常 確実な方法を見出して取り組んでいた

○ 持ち物などを忘れることが何度かあったようです。連絡帳を書くときに、チェック欄を作り、家で確認しながらランドセルに持ち物を入れるようにしてからは、毎日しっかりと持ち物がそろっています。

日常 自らよりよい方法を見出そうとしなかった

△ 何事にも経験した事柄に取り組むときには、計画的に活動しますが、もう少し自分なりの工夫を入れたり、新たな方法を取り入れたりすると、もっと楽しく活動することができるかもしれません。試してみましょう。

学級活動 よりよい方法を進んで考えていた

○ 掃除当番や日直の仕事をしているときに、どうしたら忘れずにきちんとできるか、順番はこのままでいいか、別のやり方はないかなど自分なりに工夫して取り組むことができました。

学級活動 効率のよい方法を考え、実行に移していた

○ 二人で一緒に日直の仕事をするのではなく、それぞれ役割を決めて取り組んでいた姿が印象的でした。相手が困っているときは自ら進んで手伝い、協力し合いながら、互いに気持ちよく取り組むこともできていました。

6 思いやり・協力

❶ 男女の区別なく、友だちと協力し合って活動する子

POINT 小学校に入学して間もない子どもたちが、「学校って楽しい！」と思える原動力の一つは、友だちの存在です。自分とは違うところがいっぱいの魅力的な友だちと、協力し合っている姿を言葉にしてみましょう。

日常　クラス全体に呼びかけて遊びを楽しんだ

○ 休み時間には、外に出てドッジボールをすることが大好きでした。仲の良い友だちばかりではなく、クラスのみんなに声をかけて参加してもらい、男女混じってにぎやかに楽しむことができました。

学級活動　お楽しみ会で取り組むことを考えた

○ 3学期の最後の思い出作りのお楽しみ会。○○さんが、みんなが楽しめるようにと、男の子も女の子も関係なく、力を合わせて仲良くできることをやろうと声をかけてくれたことが、とてもすばらしいなと思いました。

学校行事　クラス全体の成功のために、協力し合って練習した

○ ダンスの練習をしていたときには、複数の友だちと「こうしたら？」と手を取りながら、互いに見合いっこするなど、協力していました。新しい振り付けをどんどん覚えて、仲良く楽しんで踊っていました。

6 | 思いやり・協力

❷ みんなのことを考えながら進んで活動している子

POINT 入学前の生活と比べて、友だちの人数も違い、自分の都合だけでは動けない小学校。はじめは戸惑っていた子どもも徐々に周りが見えてきます。まずは身近にいる人々のことを考えて、積極的に行動する姿を見つけて評価しましょう。

日常 自分のやりたいことしか取り組まなかった

△ 自分のしたいことをしっかりともっている○○さん。その気持ちを相手に十分伝えることもできています。2学期は、周りの友だちがやりたいと思っていることも聞いて、一緒にやってみることに挑戦してみましょう。

授業 活動を中心となって進めていた

○ 学習や生活を班の友だちと取り組むときには、いつも自分から話を進めていました。友だちが○○さんのことを頼って、「次はどうしたらいいの？」と聞くことに、やさしく答えていましたね。いい雰囲気でした。

学級活動 係の仕事以外のことも進んで手伝っていた

○ 体育係の○○さんですが、配るノートがたくさんあって、配り係さんが大変そうだということに気づき、「ぼくも手伝うよ！」と言って、進んで手伝っていました。常に全体を見て行動できる姿はとても素敵です。

学級活動 友だちの考えを参考に自分の行動を改めていた

○ 学級会での話し合いのときに、自分とは違う考え方もあることに気づきました。それを聞きながら、自分はどのように活動すればよいのかも考え、日頃の行動に移そうとすることができていました。

③ 相手の立場に立って考えることができる子

POINT 保護者と話をすると、家に帰ったらわがままを言っているという子どもの姿について、よく聞くかもしれません。しかし、学校ではしっかりと相手の立場に立って温かい心で接していたら、そんな姿を存分にほめましょう。

日常 怒っている友だちにも声をかけることができた

○ 友だちがイライラしているときに、そっと寄り添える温かさがありました。どうしてそんな気持ちになったのかを聞き出そうと、やさしく声をかけていました。友だちは聞いてもらってすっきりしたと思います。

日常 走ることが苦手な友だちも楽しく遊べるように工夫した

○ クラスみんなで鬼ごっこをしているとき、走ることが苦手な子はすぐに鬼になってしまうという友だちの話を聞いて、「じゃあ、増え鬼に変えて鬼をどんどん増やそう」と、新しいルールを決めてくれましたね。

日常 友だちに対する口調が気になった

△ 友だちに対して強い口調で話をしているときがありました。どう言われたら友だちが嫌な気持ちにならないかをその都度一緒に考えていくことで、友だちへの接し方もよりよくなってきています。続けていきましょう。

学校行事 年下の子の思いに応える行動ができていた

○ こども園の友だちと交流したときには、お姉さんとして、とてもやさしく声をかけていました。「あれやりたい！」ということも園の友だちの気持ちに合わせて遊びを考えていましたね。温かい心が育っています。

6 | 思いやり・協力

❹ 困っていたり一人で過ごしていたりする友だちにやさしく声をかけられる子

POINT　「自分のことが大好き！」「自分ってすごい！」そんな思いを積み重ねたからこそ、人にやさしくできます。困っている友だちに対する小さな親切からしっかりと認め、伝えることが大切です。

日常　一人でいる友だちを気にかけるやさしさが見られた

○　休み時間には教室の外で過ごすことがたくさんありました。教室を出る前に、一人で席に座っている友だちに気づき、「一緒に行こう！」と勇気を出して声をかけている姿がとてもすばらしいと思いました。

授業　自分の課題を終えた後、友だちの様子を積極的に見ていた

○　たしかめのプリントをやり終えた後、まだプリントに取り組んでいて鉛筆が動いていない友だちに「わかる？　教えようか？」と声をかけていました。友だちは困っていたことが解決できて、とてもうれしそうでしたね。

学級活動　掃除の仕方を伝えるのに、言い方がきつくなってしまう

△　どうやって掃除をしたらいいかわからない子にやり方を教えていました。でも、「早く掃除をやらないと」という焦りから言い方がきつくなっていました。みんなが気持ちよく活動できる言い方ができるといいですね。

学校行事　お弁当のグループに気持ちよく誘ってあげていた

○　遠足でお弁当を食べる際、一緒に食べるグループが決まり始めたときに、一人でいる友だちに「こっちにおいでよ！」と声をかけてあげていました。周りの友だちのことも気にすることのできる○○さんはすばらしいです。

第4章　育ちの姿（生活面）の所見文例

7 生命尊重・自然愛護

❶ 自然・動植物に対する関心が高く、自ら関わろうとする子

POINT 低学年の子どもの中には、小さいころから自然や動植物に興味をもっている子がたくさんいます。関心をもち、自ら観察したり、親しんでいる様子を具体的に書きましょう。

日常 ○ 自分が興味のあることを友だちと共有していた

校庭で見つけたダンゴムシをうれしそうに教室へもってきて、「飼いたい！」と言っていました。友だちと一緒に毎日ダンゴムシの様子を見て、みんなに伝えてくれていました。赤ちゃんまで見ることができましたね。

日常 ○ 学校で飼っている動物に興味をもった

中庭にいるコイやインコに興味があり、休み時間に見に行っていました。飼育委員会のお姉さんに教えてもらって、コイにえさをあげたことをうれしそうに話してくれました。

授業 △ 学級園の水やりを忘れてしまった

生活科では学級園で野菜を植えました。水やり当番を忘れてしまうことがあり、友だちに注意されていました。「もし○○さんが水を飲めなかったらどうだろう？」と話をしてからは、人任せにせず自ら関わっていました。

7 | 生命尊重・自然愛護

❷ 動植物の命を大切にし、進んで世話ができる子

POINT 生活科や係活動などで、教室でも動植物を育てることがあります。特に低学年の子どもには、動植物にやさしく接することとともに、進んで育て続けようとする意欲が必要です。その大切さを言葉にしたいです。

日常　教室で育てている生き物を、休日は家で世話をしていた

○　教室で飼うことになったアオムシを、「休みの日はどうするの？　ぼくが家でお世話したい！」と自分から言ってくれて、お願いすることにしました。おかげで元気に育って、チョウになりましたね。

日常　生き物との接し方を変えるべきであることを伝えた

△　飼育小屋にいるうさぎを友だちと見に行ったとき、近くに来てほしいために、柵をドンドン叩いていました。そうすることが、動物を怖がらせたり、不安にさせたりするのだと伝え、関わり方について指導しました。

授業　種をまいたアサガオに興味をもち続けられていた

○　アサガオの種をまき、その後どうなっていくのかが楽しみで、毎日植木鉢を見に行っていました。自分のアサガオに名前をつけてやさしく水をかけるなど、大切にする○○さんの気持ちがとてもすばらしいです。

学級活動　教室の生き物のえさやりを欠かさずに行っていた

○　教室で金魚を飼うことになり、お世話係として活躍しました。毎朝忘れずに金魚にえさをやり、「おはよう！」と声かけをしている姿から、生き物の命を大切にする○○さんの気持ちが伝わってきました。

③ 自分の誕生に感謝し、生きる喜びと命を大切にしている子

POINT 自己中心性が抜けず友だちと衝突することもある低学年期。自分の誕生の尊さを伝え、家族に大事にされて生まれ、成長したことに対する感謝と誇り、それは周囲にいる友だちも同様であることを知る機会を作りたいものです。

授業 ○ 自分の赤ちゃんの頃のことをうれしそうに伝えてくれた

生活科「いのちの学習」では、赤ちゃんの頃のことをおうちの人に聞き取りました。この世に一つだけの命をもらったことに誇りをもてた○○さん。今まで以上に自分のことを大切にし友だちにもやさしくなりました。

授業 ○ 命の大切さを学び、ノートに書いていた

道徳の学習でかけがえのない命について学びました。自分も家族も、そして友だちも大切だとノートに書いていました。また、改めて家族の支えや願いに気づきました。ずっとその気持ちをもち続けてください。

学校行事 ○ できるようになったことに自信をもてていた

最後の参観日で、自分ができるようになったことを発表しました。跳び箱を跳べるようになったことを披露しながら、できることが増えたと述べていました。今後も自分の成長を感じながら自信をつけていってください。

学校行事 ○ 戦争について知り、自分の生活に生かそうとしていた

6年生に、戦争に関する絵本を読み聞かせてもらい、今勉強したり遊んだりできることが当たり前ではないと気づいたようです。日々の生活のありがたさを実感した○○さん。次の時間からの姿勢が変わったようでした。

7 | 生命尊重・自然愛護

❹ 年下の子どもやお年寄りに やさしく接することができる子

POINT 年下の友だちやお年寄りと出会う機会を作ると、いつもは見せない子どもの姿に感心させられるときがあります。自分とは立場の違う人たちとやさしく接している素敵な瞬間を言葉にしましょう。

日常　1年生にやさしく声をかけてあげていた

○ 1年生が遊んでいる途中でけがをして泣いていました。その姿を見つけてなぐさめながら事情を聞き、保健室まで一緒に行って、その子から聞いたことを保健の先生に伝えたそうですね。1年生はほっとしたと思います。

授業　地域のお年寄りとの交流に積極的に取り組んでいた

○ 昔遊びの学習をしたときに、地域のお年寄りの方に来ていただきました。そのときに、自分から進んで話をしに行ったり、けん玉やコマなどの荷物を代わりにもったりするなど、意欲的に関わっていました。

授業　おばあちゃんへのお手紙を工夫していた

○ はがきの書き方を体験したときに、遠くに住んでいるおばあちゃんに書くと決めていました。夏休みのことや、今学校でがんばっていることを、見やすいように大きな字で、たくさんの色を使って書いていましたね。

学校行事　こども園の友だちに、やさしい言動をすることができた

○ こども園に出かけて、交流をしました。緊張しているこども園の友だちの目を見て、やさしく声をかけている姿が素敵でした。手をつないであげたり、隣で絵本を読んであげたり、お兄さんとして活躍しました。

第4章　育ちの姿（生活面）の所見文例

8 勤労・奉仕

❶ 働くことの大切さを知り、一生懸命取り組んでいる子

POINT お手伝いの大好きな子どもたち。「やりたい！ やりたい！」と積極的な姿を価値づけ、学ぶことだけでなくみんなのために一生懸命働く姿を評価したいです。

日常 ◎ **積極的に先生の手伝いをしてくれた**

「先生！ 何かお手伝いすることはない？」と来てくれることに、何度も助けられました。おうちでもお手伝いができているそうですね。大人にだけでなく、友だちにも力を貸してあげると友だちも喜ぶと思います。

学級活動 ◎ **日直の仕事を積極的に取り組んだ**

日直になった日、授業の始まりのあいさつ、かぎを閉めることなど、やるべきことを一つずつ確認して、しっかりとペアの友だちと取り組んでいました。クラス全体がとてもスムーズに生活することができました。

学級活動 △ **はじめのやる気が続かなかった**

係活動をしようと決めたときは、とても意欲的だった○○さんですが、1学期は、その気持ちが長続きしませんでした。2学期はクラスのために、はじめの気持ちを忘れずに力を発揮してほしいです。

8 | 勤労・奉仕

❷ 人の嫌がるような仕事でも進んで行っている子

POINT 友だちが「めんどくさい」「やりたくない」と言うような仕事に黙々と取り組んでいる子がいます。すばらしく価値あることだと大いに称賛し、そんな文化を教室に広げていきたいものです。

授業　〇 自分が出した以上のごみを片付けていた

算数の学習で紙を切って図形を作る作業をしたときに、床にたくさんの切りくずが出ていました。それを片付けようと、ほうきをもってきて、自分のところだけでなく、教室中のごみを集めてくれていました。

学級活動　〇 トイレ掃除が上手にできるようになった

掃除場所を決めるときに、トイレ掃除を選びました。はじめは戸惑っている様子でしたが、ペアの６年生のお姉さんにやり方を教えてもらってから、時間内に便器まできれいに掃除ができるようになりました。

学級活動　〇 進んでごみを捨てに行っていた

清掃中、ごみを集める時間になると「ぼくがもっていこうか」と進んで声を上げてくれ、重いごみを教室から遠い集積所に運んでくれました。みんなが困らないように新しいごみ袋もすぐに付け替えてくれていました。

学級活動　△ 給食の配膳中にこぼしてしまった

慣れない給食の配膳で、こぼすことはよくあります。そんなときは、友だちがすぐにふきんできれいに拭き取っていました。まずは、自分のしたことは自分で何とかしようとする習慣をつけましょう。

第4章　育ちの姿（生活面）の所見文例

❸ 黙って人のために行動できる子

POINT 人のためにがんばることのできる子どもは、もちろん自分のためにもがんばることができます。自己主張しないでがんばっている子こそ、担任として大いに認めて称賛したい姿です。

日常　落とし物を拾い、そっと届けていた

○ 落とし物を拾ったときに、自分で名前を確認してそっと机に置いてあげている姿を見ました。また、誰の物かわからなかったら、近くの子に「これ、○○さんの？」と一人一人聞いて、持ち主を探してくれましたね。

日常　遊ぶための道具の準備を人任せにしてしまった

△ 大縄大会に向けた練習にやる気満々で取り組んでいましたが、休み時間になって教室を出るときに「誰か大縄もってきてー！」と言っていました。自分からもって出られるようになると、みんなもついていくと思います。

授業　ノートやプリントの集め方が上手だった

○ ノートやプリントを集めるとき、黙って上下をそろえ直してくれるのはいつも○○さんでした。そうすることで、先生はとても見やすくて気持ちもよくなります。みんなもその姿に気づいて、よいお手本になりました。

学級活動　黒板係の仕事を全力で行っていた

○ 黒板係となり、授業後欠かさずに友だちと協力して仕事をしていました。休み時間をすべて使い、手の届かないところは椅子に乗ってとてもきれいにしてくれました。気持ちよく授業をスタートさせることができました。

8 | 勤労・奉仕

❹ 自分の仕事だけでなく、進んで友だちの仕事を手伝っている子

POINT 意欲的に他の人の仕事を手伝える子は、周りの状況をしっかりと判断できます。また、助けてもらった子は、次は友だちを助けようとします。そんな温かい関係を作り上げられるように具体的な姿を見取りましょう。

日常　友だちのアサガオの水やりも気にすることができていた

○　毎朝、アサガオの水やりをしていました。自分の植木鉢に水をやった後、まだ水をあげていない友だちの植木鉢にも水やりしていました。その後、教室に帰って、「水やりをちゃんとやろう」と呼びかけていましたね。

授業　自分の課題が終わった後、友だちを手伝わなかった

△　班の中で分担して二つの問題に取り組んだ際、自分の分が終わったら友だちとしゃべっていたことがありました。もう一つの課題にも興味をもって手伝ってみたら、より学習が深まったと思います。

学級活動　余った時間は違う仕事を手伝っていた

○　廊下掃除をする際、ほうきや雑巾を使って素早く終えられるようになりました。余った時間は、教室に戻ってきて机を運ぶ手伝いをしてくれて、教室掃除の友だちがとても助かりました。

学級活動　自分の仕事以上のことに取り組んでいた

○　給食当番で配膳をするときは、自分の仕事が終わると、まだ終わっていないおかずの配膳を手伝っていました。そのおかげで、いつも早く配膳を終えることができ、ゆっくり楽しく食べることができます。

第4章　育ちの姿（生活面）の所見文例

9 公正・公平

❶ 一方の意見にとらわれず、落ち着いて判断ができる子

> **POINT**
>
> 友だちの意見は、様々なものがあります。それを聞き合って、よりよい方向を選択することは、子どもたちにとって簡単なことではありません。自分の損得勘定なしに判断ができる子を評価しましょう。

日常 友だちの意見を上手に調整していた

〇 業間休みにする遊びを二つの中から決めるとき、みんながそれぞれのやりたい遊びを主張している中で、「昨日も〇〇をしたから今日は新しく□□をしようよ」と言って、冷静に判断することができました。

日常 時間を守るという正しい行動ができていた

〇 放課後に校庭で遊んでいたとき、決められた下校時刻になりました。「もう少し遊ぼうよ」という友だちの言葉を聞きつつも、「時間だから！」と周りにも伝えて帰る用意をした〇〇さんはすばらしかったです。

日常 けんかしている友だちのどちらの意見も聞いていた

〇 クラスでけんかがあったときに、友だちの間に入って、仲良しの友だちの味方をせずに、どちらの話も時間をかけてしっかりと聞いていました。互いにどうしたらよかったかを聞いているところがすごいなと感心しました。

9 | 公正・公平

❷ 仲間はずれやいじめを許さない子

> **POINT** クラス・学年で過ごすことに慣れた子どもには、集団の中での個のつながりを味わってほしいものです。そのときに、仲間はずれやいじめは大きな弊害となります。公正・公平な子どもを率直にほめたいです。

日常　誰でも声をかけやすい雰囲気をもっている子

○ 一緒に遊ぼうと声をかけてきた友だちには必ず「いいよ！」と言って、仲間に入れている姿が印象的でした。どの子も安心して○○さんに声をかけることができたと思います。

日常　「自分が言われて嫌なことはしない」とはっきりしていた

○ 「自分が言われて嫌なことはしない」というクラスのルールをしっかり守り、自分が「嫌だな」と思うことを言っている友だちに「だめだよ！」ときっぱりと話している姿に感心しました。

日常　公平にグループ分けをしようとしなかった

△ ドッジボールをするときに、グループ決めを進んでやっていました。しかし、うまい子や、仲のいい子を集めたりするなど気になる点がありました。みんなが納得するグループ分けができるように指導しました。

授業　誰とでも気持ちよくグループ学習を行うことができた

○ グループ学習では、誰とでも上手に取り組みを進めることができています。そんな○○さんの姿がクラス全体の手本となり、みんなで仲良く協力する雰囲気ができてきました。

③ 自分に悪いところがあれば素直に認め、改めようとする子

POINT まだまだ自己中心性が残る低学年期。自分に自信があることはすばらしいことですが、よくないところを素直に受け止め改善していくことでよりよい方向へと向かいます。具体的な様子を記します。

日常 友だちからの指摘を気持ちよく受け入れられた

○ ドッジボールをしていて、ボールを投げたとき、中央線を越えていたと指摘されました。それをすぐに認め、遊びを再開できていたことはとてもすばらしいことでした。見ていて気持ちがよかったです。

日常 花だんに入ったボールの取り方を改めた

○ ボールが花だんに入ってしまったとき、そこに植えられているサツマイモのことを考えずに取りに行ってしまいました。友だちに言われてすぐに気づき、次からはとても気をつけるようになりましたね。

授業 チャイム着席を意識していた

○ 「チャイム着席をする」という教室のルールを守ろうとクラスで決めました。休み時間の終わりには、夢中で遊び続けているときもありましたが、友だちに注意されるとすぐに守ることができていました。

授業 指摘を素直に受け止められなかった

△ 学習に意欲的で、積極的に挙手して発言できます。文字が雑であることを注意しましたが、「わかっている」と強い口調になることがありました。その後書き直しましたが、指摘に対して素直に返答できるといいですね。

9 ｜ 公正・公平

❹ 自分の考えと違っても決まった意見に従うことができる子

POINT 自分の思い通りにならないこともあるということを、集団生活の中で学んでいきます。好き嫌いや利害に囚われずに、決まったことはみんなで気持ちよく進めていこうとする子どもの姿を認め、評価しましょう。

日常 クラス遊びのルールにきちんと従っていた

○ クラス遊びのルールを決めて、取り組みました。途中でやりにくいと感じることがあったようですが、そのときはそのルールに従っていました。そして、学級会でよりよくなるように意見を出すことができていました。

日常 友だちが考えた遊びを楽しめなかった

△ みんなで遊びを考えたとき、○○さんがやりたいことには決まりませんでした。それが納得できずに遊びに参加できませんでした。みんなとやってみることで、また新しい楽しさを見つけるきっかけになると思います。

学級活動 自分の希望はかなわなかったが、受け入れることができた

○ 掃除場所をクラスで決めたとき、希望がかなわず、がっかりしている様子でした。しかし、公平に決まったことを受け入れ、自分の担当の仕事を全力でやりきっている姿がすばらしかったです。

学校行事 やりたいことができなくても、気持ちを切り替えていた

○ 運動会の開会式であいさつをする学年代表に立候補していた○○さん。残念ながら、違う友だちに決まったものの、決まった瞬間、その子を「がんばって！」と励ましていて、切り替えの早さに感心しました。

10 公共心・公徳心

❶ 人に迷惑をかけないように約束やきまりを守って生活できる子

POINT　小学校に入学して、たくさんの友だちと集団で生活するために、約束やきまりがあることに気づいていきます。自分の都合ばかりで動かず、ルールをしっかりと守って学校生活に臨んでいる姿を評価したいです。

日常　言われなくても、きまりを確実に守ろうとしていた

○　「図書室の本は1週間後に返す」というきまりをきちんと守っていました。授業中に図書室に行く時間が取れなかったときにも、進んで休み時間に返却できました。人気の本を待っていた友だちは喜んでいました。

日常　校庭の時計を気にしながら遊んでいた

○　業間休みは外に出て、友だちと思いっきり遊んでいます。とてもすばらしいことだと思います。きちんと時計を気にして、チャイムが鳴る5分前には切り替えて教室に戻って授業準備をしています。続けていきましょう。

授業　話すときのルールが定着してきていた

○　「授業中は手を挙げて発言する」というルールをきちんと守り、自分の考えがあってもすぐに言わずに、手を挙げることが定着してきました。そうすることで、友だちもしっかりと話を聞いてくれましたね。

10 公共心・公徳心

❷ 友だちにもきまりを守るように呼びかける子

POINT 社会には多くのルールがあります。それを学ぶことで、快適に過ごせることを知ると、友だちにも呼びかけることができます。自分もしていることを、さらに広げようとしている姿をほめたいです。

日常 廊下を走らないように注意できていた

○ 廊下を走っている友だちに「歩こう！」と注意している姿がありました。そのときに、「もし誰かにぶつかったら危ないよ！」と、理由までさりげなく伝えられていることが素敵だなと思いました。

授業 正しいことをするお手本になれなかった

△ 授業中に静かにできていないこともあるのですが、「静かに！」と教室全体に言ってくれることがありました。どうすることが正しいのかを知っているので、まず自分がお手本になるよう行動しましょう。

学級活動 給食でのルールを守ろうと声をかけられていた

○ みんなで決めたおかわりのルールを守らない子がいました。その子が仲の良い友だちであっても、やさしく注意できていたので、みんな平等にルールを守る、安心できる給食の雰囲気になりました。

学級活動 掃除をきちんとやろうと呼びかけていた

○ 掃除時間中に遊んでいる友だちがいるのを見て、「今は掃除をやろうよ」とやさしく伝えることができていました。正しいことをきちんとする雰囲気をクラスの中で作ってくれていました。

③ 校外学習や遠足などで公共のマナーをわきまえて行動している子

POINT 学校を離れる行事は、子どもたちの気持ちも大きくなってしまうことがよくあります。その中で、自分の都合ではなく、公衆のマナーを守り、周りの人の迷惑にならずに過ごせている子を積極的に評価しましょう。

【学校行事】学年で決めたルールを友だちにも広げていた

○ 「遠足で電車に乗ったときは静かにしよう」という学年で決めたルールをしっかりと守っていました。さらに、少ししゃべっている友だちに、「シー！！」と注意して、よい雰囲気を作ろうとしていました。

【学校行事】電車のマナーをしっかりと守れていた

○ 社会科見学で電車に乗ったときに、「降りる人が先」というマナーを守って、早く乗りたい気持ちを我慢していました。また、座っていたときにお年寄りの方が来るとすぐに席を譲り、「ありがとう」と言われていましたね。

【学校行事】公共施設を使用する前と同じくらいきれいにしていた

○ 遠足でお弁当を食べた後、進んでごみを拾い始めた〇〇さん。その姿を見て、自然にみんなでごみを拾い始め、あっという間に元通りのきれいな状態になりました。

【学校行事】遠足で公共のマナーに反する言動が見られた

 遠足で学校の外に出たときに開放的な気持ちになり、大きな声を出したり、並んでいる列からはみ出したりしていました。公共のマナーを徐々に身に付けていってほしいという願いを込めて、指導しました。

10 | 公共心・公徳心

④ 国や郷土の文化を大切にし、愛する心をもつ子

POINT 低学年期では、昔遊びを体験したり地域の行事などに参加したり、そこに携わる人々との触れ合いを深めたりすることで、地域への愛着を深め、親しみをもって生活できるようになることが大切なポイントです。

日常 地域の行事に興味をもっていた

○ 夏休みのお祭りが楽しみであることを話にきてくれました。そこで、おみこしを引っ張ることに決まったと、とてもうれしそうでした。地域の方との交流が大好きなようです。ずっと続く文化を大切にし続けてほしいです。

日常 地域のお祭りに積極的に参加していた

○ 毎年夏休みに行われれる地域のお祭りでダンスを披露することを楽しみにしていて、今年も練習をがんばっていました。出演を終えた後には、地域の人との盆踊りにも積極的に参加する姿がありました。

授業 昔遊びが難しくて、積極的に遊ぶことができなかった

△ 地域の方に昔遊びを教えてもらったときに、あまり積極的に遊ぶことができませんでした。うまくできないことが嫌だったみたいですね。地域の方と何度かやってみる機会を作ると、その楽しさを実感したようでした。

学級活動 行事に興味をもって自分たちで取り組んでいた

○ 七夕の行事を本で知り、「自分もやってみたい」と友だちを誘って短冊や飾りを作って、7月7日のクラスの雰囲気を盛り上げてくれました。1年の中にある日本の行事をもっと調べてみたいと意欲的でした。

第4章 育ちの姿（生活面）の所見文例

◆ 監修者

梶田 叡一 （かじた・えいいち）

京都大学文学部哲学科（心理学専攻）修了。文学博士。国立教育研究所主任研究官、大阪大学教授、京都大学教授、兵庫教育大学学長、環太平洋大学学長、奈良学園大学学長などを歴任。中央教育審議会元副会長、教育課程部会元部会長。現在、桃山学院教育大学学長、学校法人聖ウルスラ学院理事長、日本語検定委員会理事長、中央教育審議会初等中等教育分科会委員。著書に『人間教育のために』『〈いのち〉の教育のために』（以上、金子書房）、『教師力の再興』（文溪堂）他、多数。

◆ 編著者

古川 治 （ふるかわ・おさむ）

大阪府箕面市立小学校教諭、箕面市教育委員会指導主事、箕面市教育センター所長、箕面市立小学校校長、箕面市立中学校校長、東大阪大学教授、甲南大学教職教育センター教授などを経て、現在、桃山学院教育大学客員教授、日本人間教育学会顧問、日本教師学学会監事、いのちの教育実践研究会理事長。中央教育審議会元専門委員。著書に、『自己評価活動が学校を変える』（明治図書出版）、『ブルームと梶田理論に学ぶ』（ミネルヴァ書房）、『21世紀のカリキュラムと教師教育の研究』（ERP）他、多数。

陸奥田 維彦 （むつだ・しげひこ）

大阪府箕面市立小学校教諭、豊中市立小学校教諭を経て、箕面市教育委員会指導主事、箕面市立小学校、中学校教頭、箕面市教育センター所長を経て、現在、箕面市立箕面小学校校長。「小中学校に共通した授業スタンダードの創造」「若手教員育成」等の研究を行い、市内外の研究会、研修会で講義・講演を多数行う。「宮古島市立小中一貫教育学校結の橋学園教育課程基本構想」アドバイザーを務める。著書に『子どもの成長をしっかり伝える　通知表所見の文例＆ポイント解説』（共著、学陽書房）『教育フォーラム64』（共著、金子書房）他。

◆ 文例執筆者 （50音順、所属は2019年11月現在）

南波 明日香（大阪府豊中市立螢池小学校教諭）

日野 英之（大阪府箕面市教育委員会指導主事）

南山 晃生（大阪府箕面市立東小学校校長）

六車 陽一（立命館小学校主幹）

龍神 美和（大阪府豊能町立東ときわ台小学校教諭）

子ども・保護者にしっかり伝わる
通知表所見　文例と書き方
小学校低学年

2019年12月12日　初版発行
2020年11月10日　２刷発行

監修者　梶田　叡一
編著者　古川　治・陸奥田　維彦
発行者　佐久間重嘉
発行所　学 陽 書 房

　　　〒102-0072　東京都千代田区飯田橋1-9-3
　　　営業部／電話　03-3261-1111　FAX　03-5211-3300
　　　編集部／電話　03-3261-1112
　　　http://www.gakuyo.co.jp/
　　　振替　00170-4-84240

ブックデザイン／スタジオダンク　DTP制作・印刷／精文堂印刷
製本／東京美術紙工

ⒸEiichi Kajita 2019, Printed in Japan
ISBN 978-4-313-65382-5 C0037
乱丁・落丁本は、送料小社負担でお取り替え致します

JCOPY〈出版者著作権管理機構 委託出版物〉
本書の無断複製は著作権法上での例外を除き禁じられています。
複製される場合は、そのつど事前に、出版者著作権管理機構（電話
03-5244-5088、FAX 03-5244-5089、e-mail: info@jcopy.or.jp）の
許諾を得てください。

◎好評既刊◎

自己評価、教科別評価、テストの改善など具体的な方法がわかる！

新学習指導要領に対応した学習評価について、豊富な実践資料でわかりやすく解説。「自己評価や相互評価の方法は？」「単元テストや定期考査はどのように改善する？」そんな疑問や不安をスッキリ解消する情報満載！

実践事例でわかる！
アクティブ・ラーニングの学習評価

田中博之［著］
A5判並製／定価＝本体2,000円＋税